VIK

ISLAND

Erste Seite:
Das Dreihundert-Seelen-Dorf Vík í Mýrdal ist der südlichste Ort auf dem isländischen Festland. Der Strand aus schwarzer Lava wurde 1991 vom „Islands Magazine“ zu einem der zehn schönsten Strände der Welt gewählt. Ein Denkmal erinnert an die rund 1.200 deutschen Seeleute, die bei der Hochseefischerei an der Südküste Islands ums Leben kamen.

So bezaubernd heißt Island seine Gäste willkommen: Bevor der Flug über Reykjavík zum normalen Anreiseweg wurde, war der Fährhafen von Seydisfjördur das Tor zur Insel. In diesem kleinen Fischerort im Osten, an einem Fjord zwischen steil aufragenden Bergen, betrat man, vom europäischen Festland kommend, zum ersten Mal isländischen Boden.

MIT BILDERN VON MAX GALLI UND TEXTEN VON GEORG SCHWIKART

INHALT ISLAND

Seite 8/9:
Der Islandkenner Karl-Ludwig Wetzig schrieb einmal kritisch: „Der Vulkanismus und die heißen Quellen, das ewige Eis, die als Ursprünglichkeit interpretierte Rückständigkeit der von Naturkatastrophen heimgesuchten Inselbewohner, das vermeintlich unverfälschte germanische Erbe, die unberührte Natur: die Anreize für Islandreisende wechselten, die Islandsehnsucht mit ihren verzerrten Wunschvorstellungen blieb.“ – Wie wahr! Und doch: Genügt für eine Reise auf die Insel nicht die unbändige Sehnsucht, die Gletscherlagune Jökulsárlón einmal mit eigenen Augen gesehen zu haben?

Seite 12/13:
Freilichtmuseum im nordisländischen Laufás. Ein ehemaliger Hof mit aus Holz und Torf errichteten Grassodenhäusern vermittelt Eindrücke, wie man im 19. Jahrhundert auf dem Land lebte. Dieses großzügige Anwesen – mit eigenen kleinen Gebäuden für Gäste, Vorratshaltung und Geräte – war allerdings deutlich besser ausgestattet als normale landwirtschaftliche Betriebe, die viel bescheidener ausfielen.

Seite 14/15:
Landschaft bei Þingeyri. Hier ist eine der bekanntesten isländischen Sagas angesiedelt, die Gísla. Sie stammt aus dem 12./13. Jahrhundert und erzählt die Familientragödie von Gísli Súrsson, der meint, in seinem Schwager den Mörder seines Bruders zu entdecken. Daraufhin verfolgt ihn seine Schwester, die den Tod ihres Mannes rächen will ...

ISLAND – EIN LAND IN BEWEGUNG

Island ist anders! Auf dem europäischen Kontinent hat der Mensch der Natur ein paar Reservate überlassen – in Island ist es umgekehrt: Die Natur triumphiert über drei Viertel des Landes. Die zweitgrößte Insel Europas liegt auf einem Graben im Nordatlantik, der die Amerikanische von der Europäischen Kontinentalplatte trennt. Der Vulkanismus schuf eine Landschaft mit Kratern, Spalten und Lavafeldern. Durch die geologische Tätigkeit wächst die Insel immer noch, jedes Jahr um ein paar Zentimeter. Unter der Erdkruste brodelt es; es gibt Eruptionen, Erdbeben, Geysire. Und daneben das Eis – ein Zehntel Islands ist davon bedeckt. Mit 8300 Quadratkilometern ist der Vatnajökull der größte

Der Jökulsárlón im Süden Islands ist eine Lagune, die durch den klimatisch bedingten Rückzug der Zunge des Gletschers Breiðamerkurjökull entstanden ist. Noch um 1900 reichte sie fast bis ans Meer; jetzt ist sie über drei Kilometer von der Küste entfernt.

Plateaugletscher der Welt. Dort schmilzt Eis, hier kalbt ein Gletscher; heiße Quellen blubbern, kleine und große Wasserfälle rauschen. Ein Land in Bewegung!

Das Landesinnere ist fast unbewohnt; nur 25 Prozent der rund 100 000 Quadratkilometer großen Insel sind Kulturlandschaft. Mit rund 300 000 Menschen hat Island etwa so viele Einwohner wie die Stadt Mannheim, nur ist die Insel dünn besiedelt: Auf einen Quadratkilometer kommen statistisch nur 3,1 Personen. Sie leben überwiegend an den Küsten und im südwestlichen Flachland. Eine größere Bevölkerungsdichte findet sich nur in der Hauptstadt Reykjavík und ihren Vororten, wo zwei Drittel der Isländer leben. Vor hundert Jahren noch waren sie überwiegend Fischer und Schafzüchter. Doch längst hat die Moderne Island eingeholt – mit all ihren Segnungen und Problemen.

Bis zur Wirtschaftskrise im Herbst 2008 war Island ein reiches Land. Das Pro-Kopf-Einkommen lag an der Weltspitze; dies galt allerdings aufgrund der hohen Steuern und Lebenshaltungskosten auch für die Ausgaben. Vieles muss importiert werden, da es auf der Insel nicht hergestellt wird, etwa Automobile. Die isländische Krone verlor zwischen Oktober 2007 und Oktober 2008 mehr als 70 Prozent ihres Wertes gegenüber dem Euro. Die drei größten Banken des Landes konnten nach riskanten internationalen Kreditgeschäften nur durch die Verstaatlichung im Oktober 2008 vor dem Zusammenbruch bewahrt werden. Sie hinterließen Island einen Schuldenberg vom Zehnfachen der bisherigen jährlichen Wirtschaftsleistung. Die Arbeitslosenquote lag im April 2008 noch bei 1,0 Prozent, im April 2009 war sie auf 9,1 Prozent gestiegen.

Inzwischen hat Island die Talsohle durchschritten. Einem EU-Beitritt stehen die Isländer freilich skeptisch gegenüber; sie fürchten den „Ausverkauf“ ihrer Ressourcen wie Fischbestände und Thermalenergie an das internationale Kapital. Eine Ansiedelung energieintensiver Unternehmen in den kommenden Jahren soll die Nachfrage ankurbeln. Große Energieressourcen stehen zur Verfügung: Sowohl Erdwärme als auch Wasserkraft werden genutzt, bisher jedoch nur ein Fünftel der eigentlich zur Verfügung stehenden Energie.

RÜCKGRAT DER WIRTSCHAFT: FISCH

„Wer will mit uns nach Island gehen,
den Kabeljau zu fangen und zu fischen
nach Verlangen?
Nach Island, nach Island zu! Nach vielen
schweren Fahrten haben wir keine Ruh!“

Schon dieses alte Schifferlied aus Flandern wusste: Island lebt vom Fisch. Bis heute bilden Fischfang und Fischverarbeitung das Rückgrat der Wirtschaft; 40 Prozent der Einnahmen aus ausländischer Währung entfallen auf die jährlich rund zwei Millionen Tonnen Seefisch, die aus dem Ozean gewonnen werden. Doch Island exportiert nicht nur Fisch, sondern auch sein Wissen aus der Fischwirtschaft. Weltweit vermarktet man Technik und Know-how für die Lebensmittelherstellung.

Unten:
Vor Jahrmillionen muss es – das beweisen Fossilien – in Island Weinreben, Platanen, Pappeln, Nussbäume und andere Wärme liebende Pflanzen gegeben haben. Klimaveränderungen haben den Artenreichtum der Flora stark reduziert. Der Knöllchen-Knöterich aber blüht unverdrossen, hier am Hvítafoss.

Rechts:
Die Blandá in Nordwesten ist einer der wichtigsten Lachsflüsse Islands. Von Juni bis Mitte September ist Saison. Der Schriftsteller Arthúr Bollason spottet allerdings: „Der Lachs ist eine Delikatesse, die zum Alptraum wird, wenn man ihn täglich essen muss.“

Wasser rundum: Ein einsamer Angler am Skógafoss. Angeln gilt in Island als Nationalsport; es ist allerdings – wie vieles hier – ein nicht gerade billiges Vergnügen.

Islands intensive Fischerei brachte dem Land zwischen 1952 und 1976 langwierige Auseinandersetzungen mit anderen Staaten ein, vor allem mit dem Vereinigten Königreich. Bei den so genannten „Kabeljaukriegen" ging es um die schrittweise Ausweitung der Fischereigrenze von ursprünglich drei auf vier Meilen, dann auf zwölf, auf 50 und zuletzt auf 200 Meilen. Großbritannien sah dadurch seine eigenen Fischbestände gefährdet. Zum Streit führte immer wieder das Thema Walfang. Das Interesse der Isländer am Verzehr von Walfleisch ist im Gegensatz zu früheren Jahrzehnten kaum mehr vorhanden. Doch trotz der Ächtung durch die Internationale Walfangkommission fing Island Wale „zu wissenschaftlichen Zwecken". Eine kommerzielle Ausbeute des Walfangs lohnt sich nur im Handel mit Japan; mehr Gewinn erzielt mittlerweile die Walbeobachtung. Von mehreren Häfen aus starten gut organisierte Exkursionen, um den Besuchern aus aller Welt die Meeressäuger ganz nah zu zeigen: majestätische Blauwale, Finn-, Buckel-, Pott-, Schwert- oder Grindwale, Delfine oder Tümmler.

Ein traditioneller Erwerbszweig, die Landwirtschaft (Schaf- und Rinderhaltung), spielt heute eine untergeordnete Rolle. Dafür hat sich der Tourismus zu einem wichtigen Wirtschaftsfaktor entwickelt. Er ist der drittstärkste und wächst am schnellsten: Fast 400 000 Gäste kann die Insel jährlich begrüßen. Und man wünscht sich, es mögen immer mehr werden. Die offizielle Devise lautet: Island soll als attraktives Ganzjahres-Ziel angepriesen werden.

NICHT NUR KALT

Tatsächlich hat Island immer etwas zu bieten, besonders für jene, die das Außergewöhnliche lieben. Zum Sonnen ist die Insel freilich ungeeignet. Island liegt in der Übergangszone von kühlgemäßigtem zu subpolarem Klima. Das heißt: Im Hochsommer steigt die Tagestemperatur auf 15 Grad Celsius – für gebürtige Isländer schweißtreibend! Echte Hitzeperioden sind selten, aber möglich. Zur Zeit der Sommersonnenwende bleibt es die ganze Nacht hindurch hell, zur Wintersonnenwende hingegen findet kaum ein Sonnenstrahl den Weg nach Island. Dafür wird es im Dezember oder Januar in Reykjavík selten kälter als um den Gefrierpunkt. Die Süd- und Westküste bleibt unter dem Einfluss eines warmen Luftstromes eisfrei. Im Norden und Osten kann es dafür ab Oktober schneien. Die Wassertemperatur des Meeres steigt selbst im August nicht über elf Grad; dennoch ist Badespaß möglich, und zwar

Polarlicht über dem Nationalpark Skaftafell in Südostisland. Das Polarlicht ist das kalte Leuchten der Luft auf der Nachtseite der Erde, in einer Höhe von etwa 100 Kilometer. Es entsteht durch Ströme elektrisch geladener Teilchen, die von der Sonne ausgehen und im Magnetfeld der Erde abgelenkt werden.

in den warmen Quellseen. Wer sich in der 38 Grad warmen Sole der „Blauen Lagune" räkelt, dem bleibt gleichgültig, wie kalt die Luft um ihn herum ist.

Urlauber, die sportliche Aktivitäten bevorzugen, kommen ebenso auf ihre Kosten. Golfplätze in wunderbarer Umgebung laden zum Putten ein, Seen und Flüsse zum Angeln, was jedoch kostspielig sein kann; frei ist nur, im Meer zu fischen. Bei Berg- und Gletschertouren, beim Trekking oder Rafting oder einfach beim Wandern erlebt man Islands Natur unmittelbar. Eine besonders passende Art der Fortbewegung ist das Reiten auf Islandponys.

Wer jedoch in kurzer Zeit viel von der Insel sehen möchte, kommt um das Auto nicht herum. Die Anreise mit dem eigenen PKW per Fähre ist langwierig, ein Mietwagen nicht billig. Allerdings gewinnt man gerade auf einer Fahrt über die Ringstraße Hringvegur, die auf einer Gesamtlänge von 1339 Kilometern rund um die Insel verläuft, einen guten Eindruck von der Vielfalt Islands. Einige Pisten im Landesinneren sind nur mit Geländefahrzeugen befahrbar. Für alle Wege gilt, was Þórður Tómasson, der Leiter des Heimatmuseums in Skógar, jedem Gast als Rat mitgibt: „Sei vorsichtig auf Islands Straßen!"

Wer sich außerhalb der Saison (Mai bis September) in die Provinz aufmacht, muss damit rechnen, dass die meisten „Visitor Center" und Ausstellungen geschlossen haben. Auch sollte man beim Wetter nicht anspruchsvoll sein und immer eine gute Regenjacke im Gepäck haben.

Reykjavík lockt dagegen das ganze Jahr über mit einer gemütlichen Atmosphäre und ihren Sehenswürdigkeiten. Diese Hauptstadt ist mit keiner anderen zu vergleichen; sie wirbt damit, nur drei Flugstunden von London und fünfeinhalb von New York entfernt zu sein. Von Frankfurt aus sind es etwa vier. Doch wer Island erleben möchte, muss aus dem Zentrum der Zivilisation hinaus in die unberührte Natur.

DIE ERSTEN SIEDLER

Seinen Namen hat das Land dem ersten Siedler zu verdanken, Flóki Vilgerðarson. Der Norweger will sich in der Mitte des 9. Jahrhunderts an den Westfjorden niederlassen, doch der erste Winter dauert so lange, dass seine Futtervorräte nicht reichen. Das ganze Vieh stirbt. Flóki verlässt entnervt die Insel und nennt sie – als Warnung für andere – „Eisland". Nur zeitweise hatten sich bereits vorher, ab dem 6. Jahrhundert, iroschottische Mönche auf Island aufgehalten; dort fanden sie in den Sommermonaten die ersehnte Abgeschiedenheit. Im Jahr 874 – so wird angenommen – kommen dann die ersten Dauersiedler in den Süden: Ingólfur Arnarson und sein Blutsbruder Hjörleifur Hróðmarsson aus Norwegen. Ihnen folgen zahlreiche Familien aus Norwegen, Irland und Schottland; zum Teil möglicherweise als Sklaven. Rund 25 000 Isländer sind es bis zum Jahr 930 geworden, in dem sie das erste Parlament, das „Althing", gründen. Dieses beschließt im Jahr 1000 die Anerkennung des Christentums als Staatsreligion. Im gleichen Jahr gelangt vermutlich der Isländer Leifur Eiríksson als erster Europäer mit seinem Schiff „Islendingur" über den Nordatlantik nach Amerika.

Im 12. und 13. Jahrhundert entbrennt ein harter Kampf um die Macht auf der Insel. Einige Familien entfachen durch die Fehden bürgerkriegsähnliche Zustände. Dies ist die Epoche der „Sagas", die ihre Stoffe aus den turbulenten Ereignissen der Zeit schöpfen. Der norwegische König Håkon schaltet sich in den Konflikt ein; die Isländer unterwerfen sich ihm im Jahr 1262, um auf ihrer eigenen Insel wieder Frieden herzustellen. Sie schließen den „Alten Bund". Durch königliche Heiratsdiplomatie wechselt die Herrschaft über Island 1397 an Dänemark. Die Dänen knechten das Land wirtschaftlich; sie teilen es in vier Bezirke ein, die untereinander keinen Handel treiben dürfen, sondern nur mit Dänemark. Das Monopol endet erst 1854.

Im Jahr 1627 besetzen maurische Piraten aus Nordafrika die Westmänner-Inseln (Vestmannaeyjar) vor der Südküste Islands; sie plündern und zerstören ganze Küstenstriche, richten Massaker an und verschleppen 242 Isländer nach Afrika,

Links:
Die rund 100 Kilometer lange Strecke entlang dem Fjord Hvalfjörður („Walfjord") von der Halbinsel Akranes nach Reykjavík lässt sich durch die Nutzung eines Tunnels unter dem Meer halbieren. Doch wer durch die Röhre fährt, dem entgehen faszinierende Landschaften.

Unten:
Malerisch anzusehen ist der Schnee, doch gewöhnliche Fahrzeuge versagen dann schnell ihren Dienst. Im Winter kommt man im Osten, wie hier bei Egilsstadir, besser mit einem geländegängigen Quad Bike vom Fleck.

Links:
Allen modernen Ausrüstungsgeräten zum Trotz hat der Hund nicht ausgedient: Wer sich auf den Weg zum Gletscher Langjökull macht, ist froh, so einen vierbeinigen Kameraden an seiner Seite zu haben.

Unten Mitte:
Der Gletscher Öræfajökull liegt im Südosten des Vatnajökull-Nationalparks. Unter dem Gletscher verbirgt sich ein Vulkan, der in zwei verheerenden Ausbrüchen im 14. und 18. Jahrhundert die Gegend in eine Einöde verwandelte. Daher der Name: „Öræfi“ bedeutet „Ödland“.

Unten rechts:
Mit dem Rad unterwegs auf der Hochlandstraße Kjölur (F35), auch Kjalvegur genannt, am See Hvítárvatn im isländischen Hochland.

Oben:
Die Straße zwischen Mývatn und Húsarík. Auf der Insel sind Straßen die Lebensadern. Sie ermöglichen auch entlegenen Siedlungen die Verbindung mit der Außenwelt – und natürlich den Besuchern einen leichten Zugang zu allen Gegenden Islands.

um sie auf dem Sklavenmarkt zu verkaufen. Die Männer müssen auf Galeeren rudern, die Frauen werden in Harems gesteckt; manche werden getötet. Nur 13 Isländer kehren nach Bezahlung eines Lösegelds zurück in die Heimat.

DER WEG ZUR UNABHÄNGIGKEIT

Im Jahr 1800 wird das Althing von den Dänen abgeschafft. Eine Unabhängigkeitsbewegung erwacht. 1809 scheitert ein erster Versuch der Revolution gegen Dänemark nach zwei Monaten. 1843 kann unter Führung von Jón Sigurðsson immerhin die Wiedereinsetzung des Althing erreicht werden, nun in Reykjavík. 1874 erringt man eine gewisse Autonomie, erst 1904 die volle Selbstverwaltung und 1918 die staatliche Souveränität; allerdings bleibt der dänische König Staatsoberhaupt. 1944 entscheidet sich Island in

einer Volksabstimmung für die Beendigung der Union mit Dänemark. Das Land gibt sich eine eigene Verfassung, und ruft am 17. Juni die Republik aus; dieses Datum ist der Nationalfeiertag.

1946 wird Island in die Vereinten Nationen aufgenommen; 1949 zählt es zu den Gründungsmitgliedern der NATO. Bis heute verfügen die Isländer über keine eigene Armee, jedoch schlossen sie mit den Amerikanern ein Verteidigungsabkommen; die USA errichten 1951 in Keflavík einen Luftstützpunkt. 1980 wählt das Volk Vígdis Finnbogadóttir zur Präsidentin. Sie ist die erste Frau weltweit, die demokratisch zum Staatsoberhaupt bestimmt wird. Als Gastgeberin empfängt sie 1986 bei einem Gipfeltreffen die amerikanischen und sowjetischen Präsidenten Ronald Reagan und Michail Gorbatschow. Das Treffen in Reykjavík markiert den Anfang vom Ende des Kalten Krieges.

Als das Althing im Jahr 1000 zusammenkam, stießen bereits missionierte Christen und Anhänger der nordischen Religion, die Götter wie Thor, Odin und Freya verehrten, aufeinander. Es wäre zu harten Konfrontationen gekommen, hätte nicht der weise Rechtsprecher Þorgeir einen Kompromiss gefunden. Danach sollten sich alle Isländer taufen lassen; es wurde aber erlaubt, den heidnischen Göttern weiterhin im Verborgenen zu opfern.

Im Mittelalter blühte das Christentum auf der Insel. In zwei Bistümern gab es 200 Pfarreien und neun Klöster. Sogar Heilige brachte die Insel hervor: die Bischöfe Jón Ögmundsson und Þorlákur Þorhallsson. Unter dänischer Herrschaft setzte man – zunächst gegen erbitterten Widerstand der

Isländer – die Reformation durch. Heute gehören 86 Prozent der Bevölkerung der Evangelisch-Lutherischen Staatskirche an; zu den zwei Prozent Katholiken zählen viele Einwanderer, etwa aus Polen und von den Philippinen.

VON ELFEN UND TROLLEN

Noch ein anderer Glaube ist auf Island beheimatet: der an Elfen, Trolle und Geister. Manche halten sich für „skyggn“, für hellsichtig. Diese Leute kommunizieren mit den übernatürlichen Wesen, sammeln Erfahrungen mit ihnen und tragen das Wissen über sie zusammen. So soll es 500 verschiedene Zaubergestalten geben. Am unsympathischsten sind die „Ghule“ – Dämonen,

die Leichen fressen. Einen gewissen Charme weisen die Elfen auf; einige meinen, die weiblichen Mitglieder dieser Gattung trügen lange, dünne Kleider mit Stickereien; jene mit rötlichem Haar ziere ein Bürstenhaarschnitt. Trolle verwandeln sich in Steine, wenn sie entdeckt werden.

Um all diese Wesen in Ruhe zu lassen, werden mancherorts die Straßen um Hügel und Felsen, in denen sie hausen, herumgeleitet. Dass es allerdings ein eigenes Elfenministerium der Regierung gebe, welches über alle isländischen Bauvorhaben wache, um die Rechte der Elfen zu wahren, stimmt nicht. Sehr wohl aber kann man in Reykjavík an einem dreistündigen Kurs der Elfenschule teilnehmen. Jeden Freitagnachmittag werden Interessierte bei einem Vortrag und einer kleinen Rundfahrt mit dem Wissen über das „verborgene Volk" vertraut gemacht.

Fünf Prozent der Isländer geben an, bereits einem übernatürlichen Wesen begegnet zu sein. Doch ob die anderen wirklich daran glauben? Man weiß es nicht, lautet oft die salomonische Antwort, schließlich sei in Island vieles möglich. Wahrscheinlich tragen die lange Dunkelperiode und die mitunter unheimlich wirkende Landschaft ihren Teil zum Elfenglauben bei.

SPRACHE, LITERATUR & MUSIK

Die isländische Sprache hat sich scheinbar seit dem Mittelalter kaum verändert. Zwar war sie während der dänischen Herrschaft stark vom Dänischen beeinflusst worden, doch wurde sie anhand alter Schriftquellen bereinigt und rekonstruiert. Man versucht heute noch, die Übernahme von Fremdwörtern zu vermeiden und dafür neue Begriffe zu schaffen, wie „tölva" für „Computer", von „tala", „Zahl", und „völva", „Wahrsagerin, Seherin". Zur Weltliteratur zählen die Götter- und Heldenlieder der „Edda". In den „Sagas" aus dem 13. Jahrhundert werden abenteuerliche Konflikte thematisiert, sie bilden eine Art Vorläufer des Kriminalromans. Einer der berühmtesten Sagaschreiber und Politiker Islands war Snorri Sturluson. Er wurde 1178 im westisländischen Hvamm geboren. Zu höchsten schriftstellerischen Ehren brachte es 1955 Halldór Laxness (1902–1998) mit dem Literatur-Nobelpreis. In unsentimentalem Stil, nüchtern und doch witzig, beschreibt er unter anderem das Erwachen des modernen Island. 1943 schrieb er seinen historischen Roman „Islandglocke", in dem die Leiden der Isländer unter dänischer Herrschaft dargestellt sind. Auch andere zeitgenössische Autoren werden außerhalb der Insel wahrgenommen. In Island zeugen 800 Zeitschriften und Zei-

Mit viel Bodenfreiheit durch die Tundralandschaft: Hochlandbus auf der Hochlandpiste Kjölur (F35). Der Kjalvegur, der schon im Mittelalter benutzt wurde, ist mit etwa 160 Kilometern die zweitlängste der isländischen Hochlandrouten.

„Man reist nicht nur, um anzukommen, sondern vor allem, um unterwegs zu sein." (Johann Wolfgang von Goethe) – Dyrhólaey („Torfhügelinsel") bei Vík í Mýrdal im Süden Islands.

tungen, mehrere Fernseh- und Radioprogramme, Nationaltheater und Oper, Kunstgalerien, Orchester oder Theatergruppen von der Kulturbegeisterung der Einwohner. Statistisch halten die Isländer den Weltrekord im Besitz von Büchern und Besuch von kulturellen Darbietungen. Die Ernennung Reykjavíks zu einer „Kulturhauptstadt Europas" im Jahr 2000 war also höchst angemessen.

Jón Leifs (1899–1968) war nicht nur Islands größter und eigenartigster Komponist, sondern einer der innovativsten Tonschöpfer überhaupt. Seine Lebensgeschichte wird in dem isländischen Film „Tár úr steini / Tears of Stone" aus dem Jahr 1996 erzählt. Seine Musik spiegelt die Landschaft und Mentalität seiner Landsleute wider; sein Stil beruht auf Elementen der Volkstradition unter Anwendung moderner Techniken. Eines seiner bekanntesten Werke, „Hekla", stellt einen Ausbruch dieses Vulkans dar, den er selbst erlebt hat – in so gewaltiger Lautstärke, dass die Orchestermusiker nach Ohrenschützern verlangten: 16 Schlagzeuger mit Pauken, Trommeln und Gong, rasselnde Ketten, schwere Feldsteine und eine Feuerwehrsirene bringen jeden Konzertsaal zum Erbeben.

Zu den berühmten Isländern der Gegenwart zählt auch Björk Guðmundsdóttir, deren Vorname übersetzt „Birke" bedeutet. Sie kam 1965 in Reykjavík zur Welt und wurde international bekannt als Sängerin mit Interesse an Pop, Rock, Jazz und Folk. Mit ihrer Band gelang ihr der Durchbruch in Großbritannien und den USA – diese Popularität war zuvor von keiner isländischen Gruppe erreicht worden. Als Hauptdarstellerin im Kinofilm „Dancer in the Dark" überzeugte Björk ebenso wie bei der Eröffnungszeremonie der Olympischen Sommerspiele 2004 in Athen. Während sie sang, entfaltete sich ihr Kleid zu einem bombastischen, 900 Quadratmeter großen Tuch, auf dem die Weltkarte zu sehen war.

Auch andere Frauen Islands genießen Ruhm: Bei der Wahl zur „Miss World 2005" setzte sich Unnur Birna Vilhjálmsdóttir gegen 101 Konkurrentinnen durch. Bereits in den Jahren 1985 und 1988 ging der begehrte Titel an Isländerinnen, an Hólmfríður Karlsdóttir und Linda Pétursdóttir.

POETISCHE INSEL

Wer zum ersten Mal nach Island kommt, endlich mit dem Flugzeug die Wolkendecke durchbricht, übers Meer noch eine Schleife in Richtung Keflavík dreht und dann unter sich nur braunes, moosbewachsenes Lavagestein sieht, mag sich vielleicht fragen: „Wer will hier leben?"

Die Isländer haben in ihrer Geschichte allerhand Krisen bewältigt: die Unruhen bei der Landnah-

me ebenso wie die Auseinandersetzungen der folgenden Jahrhunderte und die lange Fremdherrschaft, die das Land nicht nur wirtschaftlich knebelte und klein hielt. Schwere Epidemien dezimierten die Bevölkerung – im 15. Jahrhundert die Pest und im 18. die Pocken –, außerdem Naturkatastrophen wie Vulkanausbrüche und Erdbeben. Als der Laki 1783 ausbrach, stieß er acht Monate lang Asche und Gas aus. 80 Prozent des Viehs auf der Insel starben durch die Vergiftung der Weiden; die Ernten wurden durch sauren Regen vernichtet; 10 000 Menschen verhungerten. Die dänische Regierung zog sogar die Evakuierung der überlebenden rund 35 000 Isländer in die Heidegebiete der Halbinsel Jütland in Betracht. Diese extremen Lebensbedingungen, wie auch das harte Klima mit den langen, dunklen Wintern, mögen an den Kräften zehren, doch die zähen Inselbewohner bilden ein zufriedenes Volk. Heute lebt man in einem modernen Industriestaat auf hohem Standard, der allerdings seinen Tribut verlangt: Die Arbeitszeiten liegen bei 46 bis 49 Stunden pro Woche. „Der Weg zum Erfolg kennt keine Abkürzung“, sagt ein isländisches Sprichwort. Dennoch ist die allgemeine Lebenserwartung überdurchschnittlich hoch, und auf dem Index der glücklichsten Völker rangiert Island weit oben.

Die Familie genießt hohe Wertschätzung. Das drückt sich im traditionellen System der Vaternamen aus: Der Nachname einer Person wird aus dem Vornamen des Vaters gebildet. Johanns Tochter heißt dann „Johannsdóttir“ und Johanns Sohn „Johannsson“. Wer als Ausländer die isländische Staatsbürgerschaft annimmt, wird zur

Übernahme des Vaternamensystems verpflichtet. Das Telefonbuch (es gibt nur eines für ganz Island) ist nach Vornamen sortiert. Allgemein üblich ist es, einander zu duzen; das gilt für den Busfahrer wie für die Präsidentin. Ein Symbol der „Klassendurchlässigkeit“ in der Gesellschaft ist die Sitte des Nachrufs für einen Verstorbenen: Jeder bekommt in der Zeitung einen kleinen Artikel mit Lebenslauf und Foto, ob Verkäuferin oder Arzt.

Island liegt abseits, man kommt nicht auf der Durchreise vorbei. Wer sich aber dorthin aufmacht, und sich Zeit nimmt, die Insel zu entdecken, wird den Satz begreifen, den Halldór Laxness in seinem Roman „Am Gletscher“ schrieb: „Wer nicht in Poesie lebt, überlebt hier auf der Erde nicht.“

Ganz links:
Der isländische Literaturnobelpreisträger Halldór Laxness befand: „Der Tourismus ist die Völkerwanderung der Neuzeit.“ – Wer Island entdecken will, muss sich auf den Weg machen. Ob zu Fuß oder zu Pferd, im Geländewagen oder auf dem Schiff vor der Küste; es gibt viel zu sehen, zu spüren, zu erfahren. – Islandbesucher auf einem Ausritt im Gebiet Landmannalaugar.

Links:
Eine Wanderung von Skaftafell zum Svínafellsjökull („Schweinebergletscher“) bietet atemberaubende Ausblicke. Das Klima in Skaftafell ist mild, doch hier oben sind Windgeschwindigkeiten über 200 Stundenkilometer keine Seltenheit.

Seite 26/27:
Bereits ab dem 6. Jahrhundert kamen, zumindest vorübergehend, Mönche aus Irland und Schottland nach Island. Sie nannten die Insel „eine Wüste im Ozean“. Aller Zivilisation zum Trotz: In manchen Gegenden, wie hier an der Südostküste, ist die Einsamkeit geblieben.

BESCHEIDENE HAUPTSTADT UND NAHE NATUR – REYKJAVÍK UND DIE WESTKÜSTE

Reykjavík eine „Metropole“ zu nennen, wäre wohl unangemessen. Doch hier konzentrieren sich Macht und Kapital, Kunst und Kultur – und Menschen. Über ein Drittel der Isländer wohnt direkt in der Hauptstadt, deren Name „rauchende Bucht“ bedeutet.

Ihren Charme beziehen die Sehenswürdigkeiten gerade aus ihrer Bescheidenheit: Das Parlament (Alþinghúsið) gleicht einer Volksschule, das Regierungsgebäude könnte man für ein Bauernhaus und den evangelischen Dom für eine Dorfkirche halten. Um den kleinen See Tjörnin („Teich“) herum erstreckt sich die Altstadt mit hübschen Geschäften und Lokalen. Die moderne Hallgríms-

Seite 28/29:
Der Gullfoss, der „Goldene Fall", ist das wohl bekannteste Naturwunder Islands. Sein 32 Meter tief hinabstürzendes Wasser, das immer auch Geröll mit sich führt, hat im Lauf der Jahrtausende eine 2,5 Kilometer lange und bis zu 70 Meter tiefe Schlucht entstehen lassen.

Reykjavík, die „Rauchende Bucht". Spötter bezeichnen Islands Hauptstadt gern als „Dorf im Atlantik". Zwar mag die Metropole bescheiden auftreten, doch das kulturelle, wirtschaftliche und politische Zentrum der Insel hat allerhand zu bieten. Weithin sichtbares Wahrzeichen ist die evangelische Hallgrímskirche.

kirkja mit ihrem 73 Meter hohen Turm bietet einen sehr guten Rundblick. Verschiedene Museen zeigen Malerei, Münzen, Heimatkundliches, und – ein Kuriosum – 183 Phallusse der in Island vorkommenden Säugetierarten vom Hamster bis zum Pottwal. Reykjavík verfügt über eine quirlige Musik- und Kneipenszene; eine Zeitlang jetteten betuchte Großstädter, die von New York, Paris oder London gelangweilt waren, mal eben übers Weekend nach Island, um dort ihren Spaß zu haben. Dazu zählt auch ein Bad im 38 Grad warmen mineralhaltigen Wasser der Blauen Lagune bei Grindavík. Grindavík, Njarðvík und das durch den Flughafen bekannte Keflavík bilden mit Hafnarfjörður und Reykjavík einen Ballungsraum im südwestlichen Zipfel der Insel. Gedrängt sind hier Handel und Industrie angesiedelt, außerdem militärische Stützpunkte. Über 60 Prozent der Isländer sind dort zu Hause – für kontinentale Verhältnisse freilich immer noch recht großzügig und nicht zusammengepfercht. Und jährlich werden es mehr, weil viele entnervt das Hinterland verlassen.

ÞINGVELLIR – ORT DES ALTHING

Touristischer Glanzpunkt in der Nähe ist Þingvellir, wo im Jahr 930 das Althing, das Parlament der Isländer, gegründet wurde. Zahlreiche Seen gibt es in diesem Gebiet; die Hauptstädter schätzen als Ausflugsziel den Laugarvatn, an dem man grillt und campiert. In seiner Umgebung sprudeln warme Quellen, die einst den Christen als ganzjährig nutzbares Taufbecken gedient haben sollen.

In Richtung Süden führt die Ringstraße Hringvegur nach Selfoss, einem regionalen Verkehrsknotenpunkt. Diese größte Stadt Südislands zählt ganze 6600 Einwohner. In Skógar kann nicht nur ein prächtiger Wasserfall – 25 Meter breit und 60 Meter hoch – bestaunt werden, sondern auch das urigste Museum Islands. Sein Gründer, Þórður Tómasson, führt höchstpersönlich durch die Ausstellung, die anhand von Tausenden von

Rechts:
Der grüne Platz bei Domkirche und Parlament in Reykjavík wird gerne für eine Pause genutzt. Erste Ansiedlungen im Bereich der Hauptstadt gehen auf das 9. Jahrhundert zurück. Das Jahr 1786 wird als offizielles Gründungsjahr der Stadt angesehen, die damals 167 Einwohner zählte.

Ganz rechts:
Auch die Einwohner der Hauptstadt Reykjavík wollen ab und zu verreisen: Reiseveranstalter in dem Laugavegur.

Rechts:
Der Hauptstadt Islands ist die laute Hektik von New York, Kairo oder Neu-Delhi fremd. Dennoch bietet Reykjavík alles, was zu einer Metropole gehört: Shopping, Kultur, Unterhaltung, oder auch ein nettes Café zum Rasten.

Exponaten das isländische Leben früherer Zeiten illustriert. – Der südlichste Ort Islands, Vík í Mýrdal, lockt nicht nur mit breiten, fast schwarzen Sandstränden, sondern ebenso mit eindrucksvollen aus dem Meer aufragenden Felsnadeln.

Vor der Südküste liegen die 15 Westmännerinseln (Vestmannaeyjar), von denen nur Heimaey bewohnt ist. Die anderen dienen als Weideland für Schafe und als Reservat für Millionen von Papageientauchern. Von Þorlákshöfn kann man in rund drei Stunden per Fähre anreisen; per Lufttaxi in sechs Minuten. Auf Heimaey befindet sich das bedeutendste Fischereizentrum Islands. Am 23. Januar 1973 wäre es um ein Haar damit vorbei gewesen: Mitten in der Nacht schoss glühende Lava bis zu 150 Meter hoch aus einer Erdspalte. Die gesamte Bevölkerung wurde in wenigen Stunden evakuiert. Der Ausbruch hätte beinahe den Hafen verschlossen, dauerte fünf Monate und zerstörte ein Drittel der Wohnhäuser.

Von Reykjavík aus nordwärts durchquert man einen Landstrich, in dem viele Sagas angesiedelt sind. Zwei der berühmtesten Literaten Islands kamen aus Westisland: Der Nobelpreisträger Halldór Laxness wuchs auf dem Hof Laxnes („Lachshalbinsel") auf, und aus Reykholt stammte Snorri Sturluson, der Dichter der Prosa-Edda aus dem 13. Jahrhundert.

VULKANE, GLETSCHER, WASSERFÄLLE

Die Halbinsel Snæfellsnes bedient alle Island-Klischees: Vulkane, Gletscher, Wasserfälle, glitzernde Seen, schöne Strände und bizarre Felsen, wie bei Arnastapi – ein Paradies für Wanderer, die anstrengende Touren nicht scheuen. Um zur Spitze der Landzunge zu gelangen, muss von der Ringstraße abgebogen werden; man durchquert malerische Fischerorte; manche sind allerdings verlassen. Ólafsvík gilt in der New-Age-Bewegung als „Power-Zentrum"; hier sollen die Energien von Mutter Erde besonders spürbar sein. Immerhin hat Jules Verne seinen berühmten Roman „Die Reise zum Mittelpunkt der Erde" auf dem nahen Snæfellsjökull beginnen lassen. In Stykkishólmur, einem Nest von 1200 Einwohnern, überrascht die avantgardistische Architektur der Kirche.

Einer ausgestreckten Hand ähneln die Westfjorde: Wie Finger greifen die von tiefen Fjorden durchfurchten Steilküsten in den Atlantik. Das Wetter ist extrem, das Land unwirtlich – mit solchen Lebensbedingungen erklärt man sich den Glauben an Trolle, Elfen und Zauberei an diesem Ende der Insel. Das Hexenmuseum in Hólmavík weiß Geschichten davon zu erzählen. Wer Natur pur erleben möchte, begibt sich hier auf Trekkingtour. In den bis zu 450 Meter hohen Klippen von Látrabjarg nisten große Kolonien von Seevögeln. Auch Fotografen tummeln sich dort, doch nur wenige Kilometer weiter kann man stunden-, ja tagelang mutterseelenallein den äußersten Westen Europas durchstreifen.

In der Innenstadt von Reykjavík. Die Isländer lieben ihre Hauptstadt, einen geradezu gemütlichen Ort, dem die laute Hektik von New York, Kairo oder Neu Delhi fremd ist . Dennoch bietet Reykjavík alles, was zu einer Hauptstadt gehört: Kultur, Unterhaltung, Shopping, Restaurants und Cafés.

Shell
HOTEL
LEIFUR EIRIKSSON

Blicke über Reykjavík vom 73 Meter hohen Turm der Hallgrímskirche. Man kann die Stadt mögen und dennoch ehrlich bleiben: Eine Schönheit kann man sie nicht gerade nennen. Reykjavík kann weder mit wirklich alten, noch mit besonders prächtigen Bauwerken prunken. Nach dem Zweiten Weltkrieg expandierte die Bebauung ziemlich ungeordnet. Und doch entfaltet das Übersichtliche seinen Charme.

Rechts:
Pariser Flair im hohen Norden: Eine Modenschau in der Fußgängerzone von Reykjavík. Selbstverständlich haben viele weltbekannte Marken eine Niederlassung in Islands Hauptstadt, doch auch isländische Firmen selbst – etwa aus dem Bereich Design – behaupten sich international.

Unten:
Das Symbol der offiziellen Macht im Land tritt wahrlich nicht großspurig auf: das Parlamentsgebäude, 1880/81 erbaut. Daneben, nicht weniger zurückhaltend, die evangelische Domkirche.

Oben:
Sommertag in Reykjavík. Bei Höchsttemperaturen um 16 Grad Celsius verschieben sich die Maßstäbe. Wenn Kontinentaleuropäer sich am liebsten in geheizte Stuben verkriechen würden, zieht es Isländer ins Freie; sie wollen jeden Sonnenstrahl genießen.

Links:
In den letzten Jahrzehnten hat sich in Reykjavík ein reges Nachtleben entwickelt. Bars, Clubs und Diskos ziehen sogar Besucher an, die eigens aus dem Ausland anreisen, um diese besondere Atmosphäre zu erleben. Nach Mitternacht geht die Party auf der Straße weiter, sommers wie winters, manchmal mit Tausenden von Menschen.

NICHT NUR SCHAFSKOPF UND WIDDERHODEN –

ISLÄNDISCHE KUL

Ursprünglich ist die isländische Küche karg wie die Landschaft. Nahezu alles Essbare wird verwertet; Gewürze gibt es kaum. Gekochter Schafskopf – einschließlich Hirn und Augen – gilt als Spezialität, ebenso wie sauer eingelegte Widderhoden oder gebratener Papageientaucher. Doch stehen die außergewöhnlichen Nationalgerichte nur selten auf dem Speiseplan. Wie etwa das streng riechende „Hákarl“, das Fleisch des im frischen Zustand giftigen Grönlandhais, das man mehrere Wochen lang verrotten lassen muss, um es genießbar zu machen ...

Unten:
Eine gemütliche Atmosphäre strahlt das Café „Te og kaffi“ an der Prachtstraße Laugavegur im Herzen Reykjavíks aus.

Mitte:
Als junger Student besuchte der englische Schriftsteller Wystan Hugh Auden (1907–1973) Island. Über Reykjavík schimpfte er damals in einem Brief: „Wenn es darum geht, sich auf eigene Faust zu unterhalten, zählt Reykjavík zur schlimmsten Sorte von Provinznestern, und es gab nichts anderes zu tun, als im einzigen Hotel mit Schanklizenz zu versacken – zu ruinösen Preisen.“ – Die Preise lassen einen immer noch schlucken, doch längst hat sich eine Gaststättenkultur mit vielen gemütlichen Restaurants und Cafés entwickelt.

Der Anbau von Getreide war in Island kaum möglich. Fleisch ist Hauptbestandteil einer Mahlzeit; dazu werden Kartoffeln gereicht. In den letzten Jahren gesellen sich zunehmend Gemüse dazu, die in Treibhauskulturen gedeihen oder importiert werden. Zum Standard der Ernährung gehört auf der Insel das Lamm; kein Wunder, leben doch mehr Schafe als Menschen in Island. Geräuchert oder in Salz eingelegt gehört Lamm zur traditionellen Weihnachtstafel. Verbreitet ist der Genuss von luftgetrocknetem Fisch, den man roh verzehrt. Geradezu alltäglich mutet Lachs an: In vielerlei Variationen kommt er auf den Tisch, von Mai bis September fangfrisch. Forellen, über Schafsdung geräuchert, gelten als Delikatesse.

NATIONALGETRÄNK KAFFEE

Das dunkle Roggenbrot schmeckt leicht süß, wie auch der Hering in Senfsoße. Zum nordischen Knäckebrot munden die überraschend milden Wurst- und Käsesorten. Typisch isländisch ist „Skyr“, ein Milchprodukt zwischen Quark und Joghurt, noch köstlicher, wenn man es mit Sahne verrührt und mit Zucker oder Beeren verfeinert. Zum Dessert oder einfach zwischendurch kommt „Kleinur“ gut an, kalorienreiches Schmalzgebäck, verwandt mit den Berlinern oder Donuts. Trotz des kühlen Klimas lieben es die Isländer, ganzjährig Eis zu essen. Nationalgetränk ist der Kaffee. Lebensmittel sind in Island nicht gerade billig, auch wenn es im Supermarkt eine Auswahl gibt wie in Mitteleuropa. Im Restaurant zu essen ist sogar ausgesprochen teuer, außer im weltumspannenden Schnellimbiss. Das unge-

NARIA

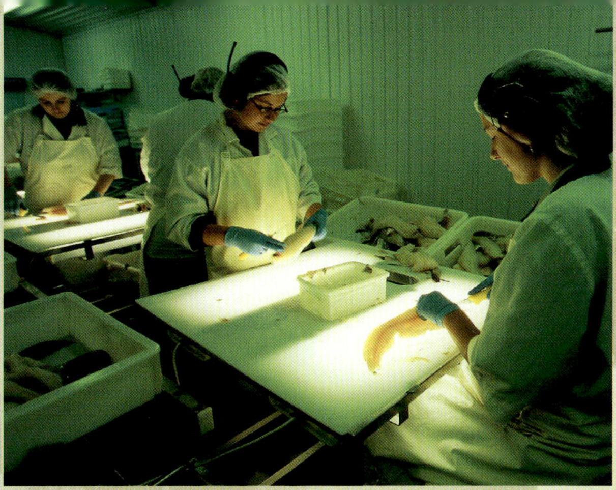

Links und unten:
Fischfabriken, wie diese in Bolungarvík, arbeiten nicht nur für den Export, sondern vor allem für den einheimischen Markt, der nach viel Meereskost verlangt. Ob Lachs, Forelle, Heilbutt, Seeteufel, Rotbarsch oder Scholle – die Isländer mögen Fisch. Ganz oben auf der Speisekarte steht der Schellfisch, gekocht, mit zerlassener Butter, ein wohlschmeckendes Essen ohne den Firlefanz moderner Küche.

wohnte Kostenniveau fällt besonders dann auf, wenn man alkoholische Getränke zu sich nehmen möchte. In einer Gaststätte zahlt man schnell das Drei- bis Vierfache von dem, was man von daheim gewohnt ist. Nur in Betrieben mit spezieller Lizenz oder staatlichen Alkoholgeschäften kann Höherprozentiges erworben werden.

Weine müssen selbstverständlich eingeführt werden; das erklärt den hohen Preis. Doch das im Land gebraute Bier scheint ebenfalls eine Kostbarkeit zu sein. Etwas billiger kommt das 2,2-prozentige Leichtbier („Léttöl“); man kann es auch an der Tankstelle kaufen. Die Politik will bewusst mit einer hohen Steuerlast den Alkoholkonsum drosseln. Dennoch sollte der Gast wenigstens einmal ein isländisches Getränk probieren, zum Beispiel den „Brennivín“, einen wodkaähnlichen Kartoffelschnaps mit einer zarten Kümmelnote. – Kostenlos ist das kalte Wasser, landesweit klar und rein aus der Leitung trinkbar. Beim warmen Wasser hingegen ist Vorsicht geboten; oft schwefelhaltig, verursacht es Übelkeit.

Oben links:
Ziemlich ironisch meinte Wystan Hugh Auden, niemand könne die Isländer beschuldigen, beim Essen übertrieben genießerisch zu sein. Das Heimatmuseum bei Bolungarvík zeigt, wie Fisch durch Einsalzen haltbar gemacht wird. Eine gewöhnungsbedürftige Kost – doch für die Inselbewohner einst eine überlebensnotwendige Form der Konservierung.

Unten:
Lammgerichte stehen in Island hoch im Kurs; die Rezepte vertrauen ganz auf den unverwechselbaren Eigengeschmack des frischen Fleisches. In der Regel werden nur Butter, Zwiebeln und Pfeffer verwendet, und zum Abrunden ein Schuss Sahne.

Oben:
Mit dem Bau der Hallgrímskirche in Reykjavík (benannt nach dem Priester Hallgrímur Pétursson aus dem 17. Jahrhundert) begann man 1945. Doch da sich der Bau aus Spenden finanzierte, zog sich das Vorhaben hin, und erst 1986 konnte die feierliche Einweihung stattfinden. Damals war die Kirche für den östlichen Stadtbereich gedacht; heute liegt sie infolge der ungebremsten Erweiterung Reykjavíks praktisch im Zentrum.

Rechts:
Ásmundur Sveinsson (1893–1982) war ein isländischer Bildhauer, einer der ersten Künstler der Insel, die internationale Anerkennung erlangten. Er vertrat die Überzeugung, Kunst sei nicht nur für eine Elite, sondern für alle da. Daher kann man sein außergewöhnliches Wohnhaus und den darum liegenden Skulpturengarten besichtigen.

Links:
Das „The Living Art“-Museum in Reykjavík stellt zeitgenössische Kunst aus Island und anderen Ländern aus. Es versteht sich als Forum für Experimente und neue Stilrichtungen in den visuellen Künsten, außerdem dient es als Veranstaltungsort und Treffpunkt für Künstler.

Unten:
„Tjörnin“, der „Teich“, liegt zentral in der Stadt. Er ist Heimstatt und natürlicher Lebensraum von mehr als 40 Vogelarten. In den 1980er-Jahren errichtete man unmittelbar am Ufer des Tjörnin das neue Rathaus, ein postmodernes Gebäude, das auch als Zeichen des Aufbruchs verstanden werden will.

Linke Seite:
Von vorne erinnert die eindrucksvolle Fassade der Hallgrímskirkja in Reykjavík an natürliche Basaltsäulen oder an einen Orgelprospekt; vor allem im lichtdurchfluteten Innenraum griff man in eigenwilliger Weise auf die Formensprache der Gotik zurück. Mit Sitzplätzen für 1200 Besucher ist das protestantische Gotteshaus die größte Kirche der Insel. Sie wurde vom Staatsarchitekten Guðjon Samúelsson gestaltet, der auch die Hauptkirche von Akureyri entwarf.

Das Höfdi-Haus diente 1909 dem französischen Konsulat als Sitz; längst nutzt die Stadt Reykjavík es als Repräsentationsstätte. Berühmteste Gäste waren Michail Gorbatschow und Ronald Reagan, die hier 1986 erstmals unter vier Augen über Abrüstungsschritte berieten.

„Perlan" („Perle") hat es geschafft, ein Wahrzeichen des modernen Reykjavík zu werden. Die Glaskuppel über den Heißwassertanks auf dem Hügel Öskjuhlíð erinnert entfernt an den Berliner Reichstag. Der Komplex bietet Aussicht, ein Restaurant und einen 1000 Quadratmeter großen Wintergarten.

Wer sich umfassend über Island informieren will, kommt um einen Besuch im Isländischen Nationalmuseum in Reykjavík nicht herum. Es wurde im September 2004 nach mehrjähriger Umbauzeit neu eröffnet. Hier befinden sich über 16 000 Exponate aus der Kulturgeschichte Islands, von der Landnahme und Christianisierung über das Mittelalter, die Zeiten der Fremdherrschaft und Reformation, bis zur Gegenwart.

Die Dauerausstellung „Making of a Nation“ veranschaulicht das Leben der Wikinger, den Kampf der Menschen mit den harten Lebensbedingungen und den Auswirkungen der Naturkatastrophen, sowie Brauchtum, Sitte und Religion der Einwohner. Das Nationalmuseum beherbergt auch ein Café und einen Museumsshop.

Linke Seite:
Die Blaue Lagune, nur 15 Kilometer vom Flughafen Keflavík entfernt, ist nicht natürlichen Ursprungs, sondern Nebeneffekt eines Thermalkraftwerks. Aus zwei Kilometer Tiefe wird hier zur Energiegewinnung 240°C heiße Salzlauge gefördert. Mit dem Dampf wird Grundwasser erhitzt und über Pipelines in die umliegenden Ortschaften verteilt, wo es zum Beheizen der Häuser genutzt wird.

Nachdem das stark mineral- und salzhaltige Thermalwasser seinen Zweck erfüllt hat und auf unter 40°C abgekühlt ist, wird es in eine nahe gelegene Senke zwischen Lavafelder geleitet, wo es Seen bildet und nach und nach wieder versickert. Für die blaue Farbe des Wassers ist der hohe Kieselsäuregehalt verantwortlich.

Seit 1987 ist das Baden im Lagunenwasser offiziell gestattet. Da es Menschen mit Hauterkrankungen (Psoriasis) Linderung zu verschaffen vermag, eröffnete hier schon 1994 ein Kurzentrum, das seither mehrmals erweitert und vergrößert wurde. Mit oder ohne Beschwerden schenkt ein Bad im blauen Thermalwasser, unabhängig von der Außentemperatur, Entspannung und Vergnügen.

Am winterlichen Skógafoss im Süden Islands. „Es gibt auf der Welt nichts Weicheres und Schwächeres als Wasser“, wusste schon vor zweieinhalb Jahrtausenden der chinesische Philosoph Lao-Tse. Aber auch: „Und doch vermag es die härtesten und größten Felsbrocken zu bewegen und auszuhöhlen.“

Der Skógafoss mit seinem 60 Meter herabstürzenden Wasserschleier ist der grandiose Abschluss einer ganzen Reihe kleinerer, weiter oben gelegener Fallstufen des Flusses Skógá.

Seite 50/51:
Wie der beeindruckende Wasserfall Selfoss („Scheunenwasserfall") heißt auch die mit rund 6500 Einwohnern größte Stadt im Süden Islands. Seit 1998 ist sie mit drei weiteren Orten zur Gemeinde Árborg vereint. Der wichtigste Arbeitgeber in Selfoss ist eine Molkerei.

Oben:
In Nationalpark Þingvellir („Thingfelder") liegt der See Þingvallavatn. Mit circa 84 Quadratkilometern gehört er zu den größten Seen Islands. Um 930 fand an seinem Nordufer bei Þingvellir das erste Althing statt.

Rechts:
Der Wasserfall Öxaráfoss bei Þingvellir wurde wahrscheinlich künstlich angelegt, um den Fluss Öxará zur Thingstätte hinabzuleiten. Er ergießt sich hier in die Almannagjá, die „Alle-Menschen-Schlucht". So konnten die Besucher des Althing ausreichend mit Wasser versorgt werden. Einer Sage nach wird das Wasser der Öxará an Silvester zu Wein.

Links:
Landschaft an der Straße 365 zwischen Þingvellir und dem See Laugarvatn („See der warmen Quellen"). Die Strecke gehört zum „Gullni hringurinn" („Goldener Ring", „Golden Circle"), einer beliebten Tagesausflugsroute im Südwesten Islands. Die Rundfahrt führt zu einigen der berühmtesten Sehenswürdigkeiten der Insel.

Unten:
Þingvellir, die „Thingfelder". Hier trafen sich ab 930 alljährlich im Juni die Thingmitglieder zur gesetzgebenden und rechtsprechenden Versammlung. Das Althing bestand bis 1798, als es von den Dänen aufgelöst wurde. Hier wurde auch am 17. Juni 1944 die Republik Island ausgerufen und 1994 deren Fünfzigjahrfeier begangen. 2004 wurde der Nationalpark Þingvellir zum UNESCO-Welterbe erklärt.

DAS ÄLTESTE PARLAMENT DER WELT –

ALTHING

Das isländische Parlament, „Althing“ genannt, bezeichnet sich als das älteste noch bestehende der Welt, denn es wurde bereits 930 gegründet. In den ersten Jahrhunderten nach der Besiedelung regelten die Familienoberhäupter ihre Angelegenheiten auf regionalen Versammlungen im Frühjahr und Herbst, den „Things“. Aus den heidnischen Priestern entwickelten sich mit der Zeit lokale Führer, die „Goden“. Im 10. Jahrhundert hatten etwa 40 Goden das Land unter sich aufgeteilt. Jeder Bauer musste sich einem Goden anschließen, sein „Thingmann“ werden. Das Verhältnis zwischen Gode und Thingmann gründete auf Vertrauen: Der mächtige Mann beschützte seine Bauern, dafür folgten diese ihrem Herrn.

Oben:
Das Althingishusid, das schlichte Parlamentsgebäude in Reykjavík. Es wurde 1880/81 errichtet.

Mitte:
Þingvellir ist einer der wenigen Orte in Island, wo das Auseinanderdriften der nordamerikanischen und der eurasischen Kontinentalplatte so gewaltig und offensichtlich in Erscheinung tritt. Als täte sich die Erde auf, um einen zu verschlingen ...

Als die Bevölkerung Islands zugenommen hatte, erschien es sinnvoll, alle regionalen Things regelmäßig zusammenzuführen, zum Althing. Dafür wurde 50 Kilometer nordöstlich von Reykjavík eine Ebene ausgesucht, „Þingvellir“, die ideale Voraussetzungen bot: groß genug für riesige Menschenmengen und mit guter Akustik. Der Platz befand sich in der Nähe dichter Besiedelung und nah an den Routen durchs Hochland. Es gab Holz zum Bau von Hütten und zum Heizen, Weideland für die Pferde und Trinkwasser aus dem Fluss Öxará, der eigens umgeleitet wurde.

GESELLSCHAFTLICHES EREIGNIS

Ende Juni bis Anfang Juli kamen dort unter freiem Himmel alljährlich Tausende zusammen: die Goden mit ihren Thingmännern (4560 im 11. Jahrhundert), und viele andere, die einfach

etwas erleben wollten. Denn neben der vornehmen Aufgabe, Gesetze zu beschließen und Gericht zu halten, bot das Althing die Gelegenheit zu Austausch, Handel, Heiratsmarkt und Vergnügen.

Das oberste Gremium („Lögrétta“) bildeten 147 Mann: 39 Goden, neun Vertreter der Bauern, für jeden zwei Berater, plus die beiden Bischöfe Islands. Dieses Gremium bestimmte den für drei Jahre gewählten Gesetzessprecher, der in der schriftlosen Zeit die Gesetze auswendig lernen

Links:
Jón Sigurðsson (1811–1879) war der Vorkämpfer für Islands Unabhängigkeit von Dänemark. Am 17. Juni, seinem Geburtstag, feiert Island den Nationalfeiertag. Das Heimatmuseum in seinem Geburtsort Hrafnseyri am Westfjord Arnarfjörður widmet diesem Nationalhelden eine Ausstellung.

Oben Mitte:
Im Informationszentrum am Þingvellir Nationalpark erfährt man viel Interessantes aus der Geschichte und von der Geologie dieses Orts.

Oben:
Besucher in Þingvellir genießen von einer Plattform die Aussicht auf den See.

musste. Es gab keine Mehrheitsbeschlüsse, sondern nur Konsensentscheidungen. Zu den wichtigsten gehörte der Anschluss Islands an das Christentum im Jahr 1000 und die Anerkennung des norwegischen Königs 1262.

Mit der Unterwerfung unter die norwegische Krone verlor das Althing seine Gesetzgebungsmacht und fungierte nur noch als Gericht. Dabei bemühte man sich, der gemeinhin praktizierten „außergerichtlichen Einigung" in Form der Blutrache Einhalt zu gebieten, denn ein Toter forderte den nächsten, und manche Fehde zog sich über Generationen hin. Die verhängten Strafen reichten von Geldbuße über Verbannung bis zur Acht (etwa für Vergewaltigung, Totschlag oder Meineid). Die Norweger führten die Todesstrafe ein, das Þingvellir wurde zum Richtplatz: Frauen wurden ertränkt, Männer geköpft. Unter norwegischem Einfluss veränderte sich die Rolle des Gesetzessprechers zum Sprachrohr des Königs, wie auch die Goden zu königlichen Beamten wurden. Im Jahr 1800 schaffte man das Althing ganz ab. Erst im Zuge der Neuorientierung auf nationale Selbstbestimmung erstand das Althing 1845 neu – in Reykjavík, wo es bis heute tagt.

Oben:
Auf der Hringvegur, der gut ausgebauten Ringstraße Nr. 1, unterwegs von Nýibær nach Vík í Mýrdal („Bucht am sumpfigen Tal"), dem südlichsten Ort Islands mit etwa 300 Einwohnern.

Rechts:
Die Landschaft bei Vík í Mýrdal erscheint saftig und grün, aber auch baumlos und karg. Die Wikinger fällten die wenigen Bäume, die die Vulkanausbrüche überstanden, für den Schiffsbau.

Oben:
Weideland an der Südküste Islands in der Nähe von Vík í Mýrdal. In dem kleinen Ort gibt es einige Übernachtungsmöglichkeiten und einen Campingplatz.

Links:
Blick von der Halbinsel Dyrhólaey („Türhügelinsel") auf den Mýrdalsjökull, den viertgrößten Gletscher Islands. An einigen Stellen ist sein Eis bis zu einem Kilometer dick. Unter dem Eis liegt der Vulkan Katla, der statistisch alle 70 Jahre ausbricht. Dann überschwemmen gigantische Mengen Schmelzwasser die Gegend. Der letzte Ausbruch war 1918.

Linke Seite:
Den Küstenabschnitt bei Vík zählen Kenner zu den zehn schönsten der Welt. Eine Sage erzählt: Die bis zu 56 Meter hoch aus der See aufragenden Basaltnadeln sind eigentlich Nachttrolle. Sie wollten sich eines Schiffs bemächtigen, das des Nachts an den Felsen gestrandet war, doch dabei wurde ihnen die aufgehende Sonne zum Verhängnis und sie erstarrten zu Stein …

„Blau das Meer / haltlos die Tiefe / blau der Ton / das Meer / grau das Geröll / bedenklich der Fels / grau der Ton / das Geröll / Island geworden", dichtet die Lyrikerin Linda Vilhjálmsdóttir über ihre Heimat. Die Insel inspiriert zahlreiche Künstler, wie auch den Harfenspieler Georg Baum, der Halbinsel Dyrhólaey das Rauschen des Meeres mit seiner Musik verschmelzen lässt.

Die Füße in auslaufende Atlantikwellen zu halten, erfrischt. Hier ein Bad zu nehmen, bringen jedoch nur ganz Abgehärtete fertig, denn die Wassertemperatur steigt auch im Hochsommer nicht über elf Grad.

Oben:
Papageitaucher leben auf dem offenen Meer, doch zur Brutzeit sind unzählige Exemplare der weltweit rund 15 Millionen Vögel zu Gast an Islands Küsten. Die Tiere sind etwa so groß wie Tauben (Körpergröße 30, Flügelspannweite 60 cm). Sie tauchen nach Fischen, wie Heringen, und nach Krustentieren, deren Panzer sie mit dem kräftigen Schnabel aufbrechen. Der Papageitaucher gilt in Island als „inoffizielles Wappentier".

Rechts:
Dieser klobige Felsen bei Dyrhólaey dient im Sommer Papageitauchern als Nistplatz. Wenn es Winter wird, machen sich die Zugvögel auf den Weg in wärmere Gegenden und kommen bis nach Südafrika oder Neuseeland. Elternpaare bleiben übrigens ein Leben lang zusammen.

Oben:
Bei Dyrhólaey fangen die Einheimischen gerne Papageitaucher, deren Fleisch recht wohlschmeckend sein soll und leicht nach Fisch schmeckt. Früher jagte man die Vögel mit speziellen Hunden, heute fängt man sie mit Netzen; sie sind nicht besonders scheu. Jungtiere sind allerdings geschützt.

Links:
Das Federkleid des Papageitauchers ist schlicht schwarzweiß, doch dafür hat er einen mächtigen, rot, gelb und schwarz gemusterten Schnabel, der allerdings während der Mauser im Winter verblasst. Damit kann er mehrere Fische gleichzeitig halten. Die dunkle Zeichnung um die Augen mutet an wie ein Make-up.

Oben:
Unweit der Südküste Islands liegt im Atlantik die Gruppe der 14 Westmännerinseln (Vestmannaeyjar). „Männer aus dem Westen“ – so die Erklärung des Namens – sollen früher hier gesiedelt haben. Die größte und einzige bewohnte Insel ist Heimaey. Ausgrabungen belegen, dass hier bereits vor der Landnahme Islands Menschen gelebt haben – Blick vom Eldfell auf Heimaey.

Rechts:
Die Westmännerinseln, die im Gegensatz zu den meisten anderen Inseln vor Islands Küste vulkanischem Ursprungs sind, erreicht man auf dem Luftweg oder mit der Fähre.

Links:
Auf Heimaey befindet sich der Vulkan Eldfell, der am 23. Januar 1973 völlig überraschend ausbrach: 150 Meter hoch schoss mitten in der Nacht die glühende Lava. Da es am Vortag gestürmt hatte, lagen alle Fischerboote im Hafen. Damit konnten die Bewohner in wenigen Stunden evakuiert werden; einige Häuser wurden allerdings zerstört.

Unten:
Der Ausbruch dauerte fünf Monate. Mit Pumpen und Spritzen konnte verhindert werden, dass die Lava die Einfahrt zum Naturhafen verschloss, sonst wäre ein Weiterleben auf der Insel unmöglich geworden. Heute sind wieder rund 4000 Menschen auf Heimaey zu Hause.

KÜHNE SEEFAHRER –
DIE WIKING

Oben:
Ob Erik der Rote (950–1003) diesen Beinamen erhielt, weil er rotes Haar hatte, oder weil Blut an seinen Händen klebte, weiß man nicht. 982 wurde er aus der isländischen Gesellschaft ausgestoßen, da er einen Mord begangen hatte. Er segelte nach Westen und gelangte nach Grönland. Nach drei Jahren kehrte er zurück und warb Kolonisten an, mit der werbewirksamen Versprechung, es gehe in ein „grünes Land".

Rechts:
Vor der Hallgrímskirche in Reykjavík ehrt dieses Denkmal Leifur Eiríksson (970–1020), jenen isländischen Entdecker, der um das Jahr 1000 mit 35 Mann vermutlich als erster Europäer bis nach Nordamerika kam.

Bis zum 8. Jahrhundert war Nordeuropa eine Region von geringer Bedeutung gewesen. Doch um 800 begannen die Normannen („Nordmänner") oder Wikinger aus Dänemark, Norwegen und Schweden von sich reden zu machen. Sie waren ausgezeichnete Seefahrer und verstanden sich auf den Schiffsbau. Ihre flachen, wendigen Schiffe (durchschnittlich 25 Meter lang und fünf Meter breit) taugten für Binnengewässer, Flüsse und Meere. Bei nur 90 Zentimeter Tiefgang erreichten sie gerudert oder mit einem Rahsegel eine hohe Geschwindigkeit und waren äußerst seetüchtig.

Wegen ihrer Kühnheit und Kraft waren die Wikinger im Hochmittelalter berühmt und berüchtigt. In Gruppen von Schiffen griffen sie die Küsten Europas an. Sie segelten die Flüsse Frankreichs und Spaniens hinauf, eroberten den größten Teil Irlands und weite Gebiete von England und besetzten Gebiete an der Ostseeküste und entlang den Flüssen in Russland. Sie kamen nach Portugal und Sizilien, Nordafrika und Konstantinopel, Grönland und Nordamerika. Eine Zeitlang setzte sich die Leibwache des Kaisers in Konstantinopel ganz aus Wikingern zusammen. In vielen Gebieten, wie in der Normandie und auf den britischen Inseln, gewannen sie bis zum 11. Jahrhundert die Herrschaft.

ANKUNFT AUF ISLAND

Island dürfte bei ihrer Ankunft im 9. Jahrhundert weitgehend unbewohnt gewesen sein, abgesehen von wenigen irischen Mönchen, die sich während der Sommermonate dort aufzuhalten pflegten und

ER

Links:
Zum Erfolg der Wikingerraubzüge trug das gefürchtete Langschiff bei, ein Kriegsschiff. Es konnte Segel setzen oder von bis zu 80 Mann gerudert werden. So war es schnell und wendig und unabhängig vom Wind.

Oben:
Im Wikingerschiffsmuseum in Oslo ist das Osebergschiff ausgestellt. Man fand es 1904 am Oslofjord. Es ist zu 90 Prozent original erhalten, da lehmiger Boden es konserviert hatte.

Mitte:
Am Ufer des Videyarsund in der Nähe des alten Hafens von Reykjavík steht an der Sæbraut die Skulptur „Sólfar", „Sonnenfahrer", ein stilisiertes Wikingerschiff. Dieses Werk des isländischen Künstlers Jón Gunnar Árnason entstand 1986 und ist ein Geschenk der USA.

die Insel bei Ankunft der Wikinger fluchtartig verließen. Sie wurden von den Wikingern „papar" (Pfaffen) genannt und ließen Dinge wie Bücher und Glocken zurück.

Die ersten Siedler brachten ihre Nutztiere und das Bauholz für ihre Häuser noch aus ihrer Heimat mit. Um 930 dürften zwischen 20000 und 60000 Menschen auf der Insel gelebt haben. Neben Ackerbau und Viehzucht betrieben sie Jagd und Fischfang. Zwar konnten sie sich größtenteils selbst versorgen, doch manches, was auf der Insel nicht hergestellt werden konnte, musste vom Festland eingeführt werden.

Die Metallverarbeitung war hoch entwickelt; auch waren die Wikinger geschickte Kunsthandwerker. Gebrauchsgegenstände und Schmuck wurden mit Pflanzen- und Tierornamenten verziert. Weit verbreitet waren Schlangen- und Flechtmuster, zum Beispiel die „Midgardschlange" der nordischen Mythologie, die sich selbst in den Schwanz beißt und damit die Welt umspannt. Archäologische Funde erzählen von der Einfachkeit des Alltags. Das oft entbehrungsreiche Leben fand Höhepunkte bei Festen und Feiern. Zur Unterhaltung trugen Dichter und Sänger Erzählungen von Helden und Abenteuern vor, die „Sagas". Aufgeschrieben wurden sie im 12. und 13. Jahrhundert, als die Zeiten, die sie schilderten, schon längst vergangen waren.

Im Glauben der Wikinger fand sich die Vorstellung einer höheren Ordnung. Das Göttervolk heißt Asen, ihr Reich über die Erde Asgard, die wüste und kalte Unterwelt Hel, die Mitte dazwischen Midgard – das Reich der Menschen. Mit der Bekehrung zum Christentum um das Jahr 1000 ebbten die Wikingerzüge ab und auch diese Religion verschwand allmählich.

Zwischen Reykjavík und Hveragerði liegt die Hellisheiði, eine Hochebene aus moosbedeckter Lavaschlacke. Der letzte Vulkanausbruch soll vor etwa 1000 Jahren stattgefunden haben; doch immer noch ist die Gegend vulkanisch aktiv.

„Die Berge in schwarzer Livree: Die Ewigkeit wäre angerichtet." (Eero Suvilehto) – Lavalandschaft bei Hrauneyjar im Südwesten.

Links:
Viele kleine Flüsse und Quellbäche speisen die Hraunfossar, die „Lavafälle“ im Westen der Insel zwischen Húsafell und Reykholt. Sie scheinen direkt aus der Lava zu entspringen und sprudeln im Gegensatz zu den gewaltigen Wasserfallkollegen des Landes leicht und munter zu Tale.

Unten:
Schon Mammuts verspeisten arktische Lupinen. Diese widerstandsfähigen Blumen blühen hier in der Mýrdalssandur im Süden Islands. Ihre bemerkenswerte Überlebenskraft bewies diese Art bei einem Versuch im Jahr 1967. Biologen züchteten damals arktische Lupinen aus Samen, die 10 000 Jahre lang eingefroren gewesen waren.

Rechts:
Reykholt im Westen Islands ist heute ein unbedeutender Flecken, doch einst lebte hier Snorri Sturluson (1178–1241), berühmtester isländischer Dichter des Mittelalters und einflussreicher Gesetzessprecher. Er machte den Ort eine Zeitlang zum Nabel von Politik und Literatur auf Island.

Unten:
Die 1996 eingeweihte neue Kirche von Reykholt überrascht durch ihre Größe. Sie dient der ganzen Umgebung als Gotteshaus.

Oben:
Neben der neuen Betonkirche von Reykholt sieht die kleine alte Holzkirche wie ein Spielzeughäuschen aus.

Links:
Im Untergeschoss der neuen Kirche von Reykholt erinnert ein Museum an Snorri Sturluson. Der Poet nutzte bereits im 13. Jahrhundert die Erdwärme: Er ließ einen Pool mit Thermalwasser anlegen. Ein unterirdischer Gang führte von seinem Wohnhaus dorthin. Doch in diesem Gang fand er ein blutiges Ende: Der norwegische König hatte Befehl gegeben, Snorri zu ermorden.

Seite 70/71:
In der Mythologie der Wikinger war Thor, der Gott des Donners, nach seinem Vater Odin der zweithöchste im Pantheon, aber der stärkste aller Götter und Menschen. Þórsmörk, „Thors Wald“, ist das Naturreservat im Süden Islands benannt, durch das sich der Flusslauf Markarfljót wie ein Adernsystem zieht.

Oben:
Mit dem Jeep inmitten von Feuer und Eis: Am Eyjafjallajökull, dem sechstgrößten Gletscher Islands. Unter ihm befindet sich ein Vulkan, der zuletzt im März 2010 aktiv wurde. Dieses Naturschauspiel wollten sich viele nicht entgehen lassen.

Rechts:
Der Ausbruch des Eyafjallajökull im Jahr 2010 brachte einen so großen Ausstoß an Asche mit sich, dass der Flugverkehr über weiten Teilen Nord- und Mitteleuropas für mehrere Tage eingestellt werden musste.

Oben:
Vor dem Jahr 2010 ist der Vulkan Eyjafjallajökull seit der Besiedelung Islands dreimal ausgebrochen: in den Jahren 920, 1612 und 1823. Geophysiker rechnen mit einer weiteren Eruption im benachbarten Vulkan Katla.

Links:
Das Schmelzwasser des Gletschers drang in die vulkanischen Schlote ein und führte dort zu einem enormen Ausstoß an Wasserdampf und mitgerissenen Aschen. Am 24. Mai 2010 betrachteten Wissenschaftler der Universität von Island die Eruptionsserie als beendet.

Oben:
Búðir auf der Halbinsel Snæfellsnes war einst ein Handelsstädtchen. Geblieben ist die kleine Holzkirche, erbaut 1850. Sie soll die älteste Holzkirche Islands sein. Hier hat man einen schönen Blick auf den Snæfellsjökull, jenen Ort, „den das Allwissen sich zur Wohnstatt genommen hat“, wie es Halldór Laxness ausdrückt.

Rechts:
Ein Bauernhof zwischen Hellissandur und Hellnar auf der Halbinsel Snæfellsnes. Wunderschön gelegen, aber verlassen. Landwirtschaft zu betreiben, lohnt sich kaum noch, und das abgeschiedene Leben ist nicht jedermanns Sache. Die ehemaligen Bewohner sind wahrscheinlich, wie so viele andere aus allen Landesteilen, in den Ballungsraum Reykjavík gezogen.

Am Muschelsandstrand von Búðir auf der Halbinsel Snaefellsnes. Goldener Sand und schwarze Lava ergeben einen besonders reizvollen Kontrast. Die Halbinsel Snaefellsnes ist gleichsam ein „Island en miniature", sie vereint alle Reize der großen Insel auf kleiner Fläche.

Unten:
Der kleine Fischerort Arnarstapi liegt unterhalb des Snæfellsjökull. Im Sommer brechen von hier aus die Saisonfischer zum Kabeljaufang auf. Die schwarze Steilküste mit den vom Meer geformten Höhlen und Felsentoren ist beeindruckend.

Rechts oben:
Die Küste kann man besonders gut auf einer Wanderung in den Nachbarort Hellnar besichtigen. Sie ist ein Paradies für Ornithologen. Hier brüten Dreizehenmöwen, Eissturmvögel und – an geheim gehaltenen Stellen – sogar Seeadler.

Rechts Mitte:
Einer der Vogelfelsen an der wildromantischen Steilküste bei Arnarstapi. Abertausende von Meeresvögeln und ihr Brutverhalten können hier aus nächster Nähe beobachtet werden. Dabei können die tief fliegenden Küstenseeschwalben ganz schön lästig werden. Sie stehen unter Artenschutz.

Rechts unten:
An der Küste bei Hellnar. Einst war auch dieser Ort eine umtriebige Fischfangstation; geblieben sind nur verstreute Höfe und die zerklüftete Küste.

Im unwegsamen Gelände der Bucht finden sich ein kleiner Kratersee und eine hübsche Höhle, die isländisch „Badstofa“ genannt wird, „Wohnstube“.

Seite 78/79:
„Eine Reise nach Island ist die Wallfahrt zu einer Literatur." Der dänische Schriftsteller Poul Vad bezog sich bei dieser Feststellung wahrscheinlich auf die Edda, die Sagas und die modernen Autoren der Insel. Doch Islands Literatur wird nicht nur mit Tinte geschrieben, sondern auch mit Farben und Formen, mit der Sprache der Natur. – Dyrafjörður in den Westfjorden.

Rechts, oben und unten:
Hrafnseyri in den Westfjorden: In diesem Nest kam 1811 Jón Sigurðsson zur Welt, der spätere Nationalheld Islands. Ein kleines Museum berichtet über sein Leben und Werk. Sigurðsson kämpfte für die Unabhängigkeit Islands von Dänemark. Diese war zwar 1879, als er starb, noch nicht erreicht, aber immerhin war 1848 das Handelsmonopol aufgehoben und 1873 das Althing wieder eingesetzt worden. Sigurðssons Geburtstag – der 17. Juni – ist Nationalfeiertag.

Rechte Seite:
Þingeyri in den Westfjorden war einmal – wie der Name bereits verrät – ein Thingplatz. Deshalb blühte hier in alten Zeiten der Handel; heute leben kaum 500 Einwohner in diesem Ort.

Rechts und unten:
Im Hafen von Stykkishólmur. Von hier setzt die Autofähre zu den Westfjorden über. Dieser Ort mit etwa 1100 Einwohnern ist für isländische Verhältnisse eine richtige kleine Stadt, mit einer Bücherei, einer Druckerei, einem Krankenhaus und einer beeindruckenden modernen Kirche. Das älteste Haus, das Norska húsid, stammt aus dem Jahr 1832.

Ganz rechts:
Altes Gefährt in Ísafjörður, das so etwas wie die Provinzhauptstadt der Westfjorde ist. 3500 Menschen leben hier.

Ein natürlicher Hafen machte Ísafjörður bereits im 9. Jahrhundert interessant. Da die Felswände, die den Fjord umschließen, nur einen schmalen Küstenstreifen freilassen, wurde die Stadt auf einer Sandbank in den Fjord hineingebaut. Vier restaurierte Holzgebäude aus dem 18. Jahrhundert sind noch zu bestaunen. In der Abgeschiedenheit der Westfjorde entfaltet Ísafjörður fast urbanes Flair.

„Von Island lässt sich nicht gesondert reden. Meer und Himmel sind immer inbegriffen“, drückte es der finnische Aphoristiker Eero Suvilehto zutreffend aus. Eine besonders schöne Verbindung dieser Elemente zeigt der Sonnenuntergang bei Blönduós.

Die Laxá ist der einzige Abfluss des Sees Mývatn und verdankt ihren Namen dem Lachsreichtum. Allerdings tummeln sich noch weit mehr Forellen in diesem Fluss, der unterhalb von Húsavík in den Atlantik mündet.

Oben:
Landschaft bei Þingeyri. „Hätten wir Augen aus Stein, sähen wir die Berge fließen.“ (Eero Suvilehto)

Links:
Friedliche Abendstimmung vor der grandiosen Kulisse des Ísafjarðardjúp. Dieser Arm der Westfjorde ist an seiner Öffnung zum Ozean 18 Kilometer breit und ragt 55 Kilometer lang ins Land hinein. Wer an ihm entlang ins Landesinnere fahren möchte, muss über die sich windenden und kehrenden Straßen rund die vierfache Streckenlänge zurücklegen.

Unten:
Unter einer leichten Schneedecke liegt die Flussniederung bei Varmahlíð („Warmer Abhang") im Nordwesten Islands.

Rechts oben und Mitte:
Landschaften bei Blönduós. – Im Jahr 1840 schrieb der britische Islandreisende Arthur Dillon einen Bericht über den Winter in Island: „Der Winter setzt rasch und früh ein, und während er zehn Monate andauert, macht die Intensität der Kälte, das stürmische Klima, und mehr noch als beides zusammen, die Kürze der Tage selbst die Fürsorge für die Herden zu einer schwierigen und oft genug gefährlichen Beschäftigung. Dazu komme der Wind, dessen Gewalt jede Vorstellungskraft übersteige."

Rechts unten:
Seit der Niederschrift von Dillons Bericht hat sich nichts geändert: Im Nordwesten Islands finden Sonnenstrahlen im Winter nur für wenige Stunden ihren Weg zur Erde. Die Temperaturen sinken zwar selten unter den Gefrierpunkt, doch der Wind macht die „gefühlte Kälte“ eisig. Von menschlichen Empfindungen unbeeindruckt, entfaltet die Natur im Winter eine besondere Anmut. – Landschaft bei Bólstaðarhlíð.

LAVA, GLETSCHER UND WALE – DIE OSTKÜSTE

Verschlafen wirkt der Ort mit dem hübschen Namen Kirkjubæjarklaustur, wo vom 12. Jahrhundert bis zur Reformation ein Nonnenkloster existierte. Daran erinnern Namen auf Systra-, „Schwestern-“: Systravatn (Schwestern-See), Systrafoss (-Wasserfall), Systrastapi (-Felsen). Eine moderne Kapelle ehrt den Hilfsgeistlichen Jón Steingrímsson, der während des Laki-Ausbruchs 1783 seine Gemeinde zu einer Predigt über Feuer und Schwefel in der Kirche versammelte – danach war der Lavastrom um die Kirche herum geflossen. Den Mittelpunkt des Dorfes bildet heute, wie in vielen isländischen Kleingemeinden – die Tankstelle! Auf der Fahrt nach Osten über die Ringstraße Hringvegur passiert man unwirtliche

Der Skaftafellsjökull gehört mit den beiden anderen Gletschern Morsárjökull und Svínafellsjökull zum Nationalpark Skaftafell. Er wurde 1967 gegründet und seither mehrmals vergrößert. Mit über 4800 Quadratkilometern ist er der größte Nationalpark in Europa.

Gegenden: Skeiðarársandur ist eine Wüste aus schwarzem Lavagestein, Sand und Geröll. Doch glitzert bei Sonnenschein schon der Gletscher Vatnajökull in der Ferne, an den man im Skaftafell-Nationalpark ganz nah herankommen kann. Ein Informationszentrum klärt über die Entstehung der Gletscher auf.

Einen Höhepunkt der Reise stellt der Jökulsárlón dar, ein Gletschersee, aus dem Eisbrocken in mannigfachen Größen und Formen aufragen. Die Blautöne von Eis, See und Himmel vereinen sich mit den Spiegelungen im Wasser zu bezaubernden Motiven. Schön gelegen ist Höfn, einer der wenigen Häfen des Ostens. Er erfährt einen wirtschaftlichen Aufschwung durch die neue Touristenattraktion des „Whale-Watching": Hier kann man zu Walbeobachtungstouren starten.

TIEFE BUCHTEN ZWISCHEN ZERKLÜFTETEN GEBIRGSLANDSCHAFTEN

Von grandioser Schönheit sind die Ostfjorde. Die malerischste Ansicht genießt man, wenn man per Schiff in Seyðisfjörður anlandet. Das Hafenstädtchen erwacht sommers jeden Mittwoch zur Blüte, wenn die Fähre kommt. Donnerstags legt sie wieder ab, und der Ort fällt erneut in seinen Dornröschenschlaf.

Durch schneebedeckte Hügel gelangt man nach Egilsstaðir, mit 2000 Einwohnern die Provinzhauptstadt des Nordens; alles Nötige ist dort erhältlich, vor allem für die Großprojekte im Gebiet von Kárahnjúkar: Ein riesiges Wasserkraftwerk soll nach Fertigstellung eine Aluminiumfabrik in der Bucht von Reyðarfjorður mit Strom versorgen. Egilsstaðir liegt am Nordende des Lögurinn, eines schmalen und tiefen Sees, aus dem –

Rechts:
Eine Radtour über die Ringstraße Nr. 1 kostet ganz schön Kraft, aber dafür belohnt sie die Mühen mit einzigartigen Eindrücken.

Unten rechts:
Camping in besonderem Ambiente: Wer im Nationalpark Skaftafell morgens aus dem Zelt tritt, kann als erstes einen Blick auf den höchsten Berg Islands werfen, den Hvannadalshnúkur, dessen Gipfel 2119 Meter in den Himmel ragt.

Oben:
Am Fuß des 767 Meter hohen Felsens Lómagnúpur („Mondspitze") liegt Núpsstaður. In einem solchen befindet sich auch eine reizvolle Kapelle aus dem 17. Jahrhundert, die ein Dutzend Gläubige fasst.

ähnlich dem schottischen Loch Ness – ab und zu Ungeheuer auftauchen sollen. Gesäumt wird er von einem 740 Quadratkilometer großen Waldgebiet. Fast baumlos hingegen zeigt sich der Nordosten. Da die Ringstraße die Landzungen Langanes und Hólaheiði ausspart, findet sich hier

ein unberührtes Island, wo kaum Menschen leben und auch nur wenige Besucher hinkommen. Nur ein paar Fischerdörfer liegen am Meer.

HUFABDRUCK VON ODINS ROSS

Faszinierende Natur bietet der Jökulsárgljúfur-Nationalpark mit seinem großen Canyon, den die ersten Siedler für den Hufabdruck vom Ross Odins hielten, des höchsten Wikingergottes. Größter Wasserfall Europas ist der Dettifoss. 500 Kubikmeter Wasser pro Sekunde stürzen auf 100 Meter Breite 44 Meter tief zu Tal. Der

sich dadurch bildende Sprühregen ist schon Kilometer vorher zu sehen.

Ruhiger geht es am Mývatn zu, einem See, der sieben Monate im Jahr zugefroren ist. Aufgetaut wird er zum Paradies für Badende und Mücken. Bei durchschnittlich nur zwei Metern Wassertiefe konnte sich der jahrtausendealte Vulkansee zu einem wichtigen Ökosystem entwickeln. Im See tummeln sich Forellen, im abfließenden Laxá Lachse. Am Ufer nisten Seevögel aller Art.

Am Kraftwerk Krafla wird die vulkanisch hoch aktive Zone thermisch genutzt. Der letzte Ausbruch im 18. Jahrhundert hinterließ einen Krater, der mit türkisblauem Wasser gefüllt ist. Es „grummelt" in der Erde; Vulkanologen beobachten das Gebiet aufmerksam. 1975 und 1984 gab es hier starke Eruptionen von glühender Lava.

Mit dem etwas übertriebenen Titel „Islands Hauptstadt der Wale" schmückt sich Húsavík, weil von dort aus Whale-Watching-Touren unternommen werden können. In Akureyri, der zweitgrößten Stadt Islands mit 15 000 Einwohnern, entfaltet sich urbanes Flair – Geschäfte und Cafés locken, dazu gibt sich das Klima am Ende des Eyjafjörður mild. Vielen gilt sie als schönste Ortschaft der ganzen Insel. Akureyri hat die niedrigste Niederschlagsmenge Islands; so kann der botanische Garten mit spanischen und alpinen Blumen prunken. Das Nonnáhús setzt dem von hier stammenden Schriftsteller Jón „Nonni" Sveinsson ein Denkmal. Er lebte unter anderem in Deutschland und verfasste ab 1906 seine autobiografischen Romane.

Wer bereit ist, von Akureyri aus 20 Minuten zu fliegen oder sechs Stunden mit dem Schiff unterwegs zu sein, gelangt nach Grímsey, einem Inselchen 41 Kilometer vor der Küste. Grímsey, der nördlichste bewohnte Punkt Islands, liegt auf dem Nordpolarkreis, was dem Flecken einen gewissen Ruhm sichert. Neben rund 100 Bewohnern leben Tausende von Seevögeln dort. Vor allem, als das Fernsehen noch nicht zum Alltag gehörte, war Grímsey die Insel begeisterter Schachspieler, die diese Leidenschaft vor 1000 Jahren vom ersten Siedler, einem Wikinger namens Grím, geerbt haben sollen. Grímsey und seine Menschen gelten als exzentrisch – letztlich ein Kompliment.

Malerisches Farbenspiel bei einem Bauernhof in der Nähe von Höfn í Hornafjörður („Hafen im Hornfjord"), einem der wenigen Häfen im Südosten. Im Hintergrund der Gletscher Fláajökull.

Seite 92/93:
Beeindruckend ist die Kulisse des Svartifoss, „dessen dünner und silbrig glänzender Wasserstrahl sich von einer überhängenden, schwarzgrauen Basaltsäulenwand abhebt", wie der Islandspezialist Oliver Nyul sehr schön beschreibt.

Links oben:
Faszinierend, aber auch deprimierend: Die schwarze Lavawüste vor dem Vulkan Hekla. Im Mittelalter galt die Hekla in Europa als Tor zur Hölle. In der etwa 1500 Meter hohen „Kapuzenträgerin“, wie die Isländer den feuerspeienden Berg nennen, rumort es auch heute noch.

Links Mitte:
Das extreme Klima macht sogar den Steinen zu schaffen; Wasser dringt in das Gestein ein, gefriert und sprengt es. So verwittern und zerfallen sie.

Links unten:
Auf dem Skaftafellsjökull, einem Teil des riesigen Plateaugletschers Vatnajökull, der wahrscheinlich nicht während der Eiszeit entstand, sondern „erst“ vor 2500 Jahren.

Unten:
Der Skeiðarársandur beim Nationalpark Skaftafell. – Die Schriftstellerin Ulla Hahn notierte bei ihrem Islandaufenthalt über die Landschaften der Insel: „Diese Landschaft funktioniert nicht. Sie ist nicht verwertbar, sie ist unzweckmäßig. Sie ist unbedingt. Es ist eine sakrale Landschaft. Eine Landschaft, die dem Verhängnis näher steht als Gnade und Vergebung, die starke Götter braucht, Donnerkeile statt Weihrauch und Kerzenlicht. Wer hier bestehen will, muss das Alphabet der Stille kennen.“

Linke Seite:
Der Skeiðarársandur ist eine rund 1000 Quadratkilometer große Wüste aus schwarzem Sand und Geröll – man könnte meinen, die Fläche wäre asphaltiert. Das Gestein entstammt Eruptionen unter dem Gletscher Vatnajökull, und aus ihm speist sich neben vielen anderen Wasserläufen auch der Fluss Skeiðará.

Links oben und unten:
Moderner Ingenieurskunst ist es zu verdanken, dass Brücken überall in Island Entfernungen verkürzen. Doch diese Errungenschaften sind fragil: Nach einem Vulkanausbruch unter dem Vatnajökull im Jahr 1996 kam es zum Abgang gewaltiger Wassermassen, die auch diese Brücken im Skeiðarársandur und über die Skeiðará zerstörten.

Seite 98/99:
Erhaben: der Jökulsárlón. Dieser Schönheit kann man sich lyrisch nähern: „Unter die hohle Kruste des Schweigens / dringen einsame Basstöne / wenn das Eisherz schlägt“, schrieb der isländische Dichter Stefán Hördur Grímsson.

Kleine und haushohe Eisberge des Jökulsárlón, glitzernd und in bizarren Formen, ganz nah zu bestaunen bei einer Bootstour oder sogar per Amphibienfahrzeug. Ein außergewöhnliches Naturschauspiel, dessen Schönheit nicht ewig währen wird. Geologen schätzen, dass sich die nah am Meer gelegene Lagune in wenigen Jahrzehnten zum Meer hin öffnen wird; dann entsteht ein Fjord. Damit wäre jedoch auch die Ringstraße unterbrochen.

Einen Höhepunkt einer Islandreise bildet sicherlich eine Bootsfahrt zu den faszinierenden Eisbergen auf dem Gletschersee des Jökulsárlón. Ein kleiner Abfluss – Islands kürzester Gletscherfluss – verbindet die Lagune mit dem Meer. Ende des 19. Jahrhunderts reichte der Breiðamerkurjökull noch fast zum Meer, seitdem hat er sich stetig zurückgezogen.

Oben:
Ankunft der Fähre in Seyðisfjörður. Früher kam sie nur im Sommer; seit 2004 verkehrt die Linie ab dem dänischen Hanstholm ganzjährig. Das Schiff kann 1482 Fahrgäste und 800 Fahrzeuge an Bord nehmen. Wer hier nach 18 Kilometern Fahrt durch das Nadelöhr des Fjords an Land geht, wird von hübschen Holzhäusern im norwegischen Stil des frühen 20. Jahrhunderts begrüßt.

Rechts:
Island hat die höchste Geburtenrate Europas; statistisch bringt jede Frau 2,0 Kinder zur Welt! Die Regierung schafft Anreize, Nachwuchs zu bekommen, etwa durch die Einführung der Elternzeit für Väter. 80 Prozent des Einkommens werden gezahlt, wenn Papa nach der Geburt zu Hause bleibt.

Oben:
Einmal in der Woche erwacht Seyðisfjörður zu regem Leben. Wenn die Fähre ankommt oder abfährt, wird Markt abgehalten. Bereits 1906 war Island mit dem Rest der Welt über dieses heute rund 700 Einwohner zählende Städtchen im Osten verbunden: Damals war auf dem Meeresboden das erste Telefon- und Telegrafenkabel von den schottischen Orkney-Inseln nach Island verlegt worden.

Links:
Die Küste bei Lón nahe Höfn: Tosendes Meer vor grandioser Kulisse. Dieser Strand wird wahrscheinlich nie durch Scharen von Badegästen belagert …

Seite 104/105:
Island, ein Wintermärchen … Was uns heute romantisch anrührt, stellte frühere Generationen vor schwere Herausforderungen. Man erlebte lange, dunkle Kälteperioden, abgeschnitten von der Welt. – Ein Bauerngehöft bei Reyðarfjörður.

Der Fluss Jökulsá á Fjöllum – „Gletscherfluss aus den Bergen" – führt Wasser aus dem Gletschergebiet Vatnajökull, das im Dettifoss über eine etwa 100 Meter breite Felskante in die Tiefe stürzt. Die aufwirbelnde Gischt lässt bei Sonnenschein einen Regenbogen entstehen.

Ein schöner Blick auf den Dettifoss, doch wer da sitzt, hat dennoch kein so ganz ruhiges und beschauliches Plätzchen erwischt: Die stürzenden Wassermassen verursachen nämlich tosenden Lärm.

VULKANE, GLETSCHER UND GEYSIRE –

URGEWALTEN IS

Oben:
In der Stadt Hveragerði, etwa 40 Kilometer östlich von Reykjavík, werden Gewächshäuser mit Erdwärme beheizt. So können unter Glas Gemüse und vielerlei Früchte angebaut werden – sogar Bananen.

Mitte:
Naturfreunde und Touristen finden im Thermalwasser von Hveravellir Erholung und Entspannung. In der Nähe hat sich im 18. Jahrhundert der berühmte Geächtete Fjalla-Eyvindur mit seiner Frau aufgehalten. Die Reste seiner Hütte können noch besichtigt werden.

„Insel aus Feuer und Eis“ wird Island genannt – und das ist mehr als ein reißerischer Slogan. Für Geologen ist Island ein „Muss“, denn hier lassen sich Erkenntnisse über die Entstehung unserer Erde gewinnen. Wenn sich Kontinentalplatten in grauer Vorzeit übereinander schoben, entstanden Gebirge. Drifteten sie aber auseinander, drang Magma aus den Spalten und schuf neue Oberflächen. So geschah es vor rund 20 Millionen Jahren am so genannten „Mittelatlantischen Rücken“ zwischen der Amerikanischen und der Eurasischen Platte. Dieser Mittelatlantische Rücken zieht sich von Südwesten nach Nordosten über die Insel, 40 bis 60 Kilometer breit – ein Viertel des Landes umfassend. Jedes Jahr weitet er sich um zwei Zentimeter und vergrößert so Island kontinuierlich.

Island zählt zu den vulkanisch aktivsten Gebieten; Hekla und Laki sind die berühmtesten der rund 130 Vulkane. Statistisch alle fünf Jahre findet eine Eruption statt. Manche sind kurz und schwach und entlocken den abgebrühten Isländern nur ein Lächeln. Andere sind sehr gefährlich: 1783 vergiftete der Aschenregen des Laki-Ausbruchs Luft und Weiden, das Vieh ging ein, die Asche verdunkelte die Sonne. Ein Drittel der Bevölkerung kam durch die folgende Hungersnot ums Leben. 1973 zerstörte die Lava auf der Insel Heimaey 417 Häuser.

GEBURT EINER INSEL

Für Forscher höchst interessant gestaltete sich ein unterseeischer Vulkanausbruch im Jahr 1963. Die hervorquellende Lava ließ den Ozean stellenweise kochen, erkaltete und brachte eine neue

Insel hervor: Surtsey. Ein ideales Objekt für Wissenschaftler vieler Disziplinen, die beispielsweise untersuchen, welche Pflanzen und Tiere sich als erste ansiedeln. Hier heiß, dort Eis: Während der Eiszeit war Island vollkommen von Gletschern bedeckt. Die verbliebenen sind 2500 Jahre alt; die Eisschicht – durchschnittlich 400 Meter dick, aber auch bis zu 1000 Meter – bedeckt ein Zehntel des Landes. Wenn Feuer und Eis zusammentreffen, geschieht Gewaltiges: 1996 brach unter dem größten Gletscher Vatnajökull ein Vulkan aus.

LANDS

Links:
Strokkur („Butterfass"), der zuverlässig im Abstand von 3 bis 5 Minuten aufschießende Geysir, befindet sich im Geothermalgebiet Haukadalur im Süden Islands. Die kochende Wassersäule erreicht eine Höhe von 10 bis 20 Metern.

Oben::
Das Vulkanmassiv Kverkfjöll liegt am nordöstlichen Rand des Vatnajökull. Unter dem Gletschereis sind heiße Quellen zu finden, die die Bildung einer geschlossenen Eisdecke verhindern. Das Wasser der Quellen hat sich einen Weg unter dem Gletscher gesucht und eine mehrere Kilometer lange Höhle ins Eis geschmolzen.

Links:
Der Ort Hveravellir, etwa in der Mitte zwischen Reykjavík und Akureyri, liegt zwischen den Gletschern Hofsjökull und Langjökull im isländischen Hochland und ist bekannt für seine heißen Quellen.

Aus einer neun Kilometer langen Spalte drang Lava hervor und ließ das Eis schmelzen. Zunächst bildete sich ein dampfender See, und als der überlief, fluteten Wassermassen ins Meer, die Straßen und Brücken zerstörten.

Auch die Geysire zeugen von der Kraft, die der Erde innewohnt. „Stori Geysir", der „Große Geysir", schoss früher 60 Meter hoch empor. Nur noch selten speit er das kochende Wasser. Manchmal hilft man künstlich nach, mit der Zugabe von Schmierseife, die die Oberflächenspannung senkt. Regelmäßig hingegen versieht in unmittelbarer Nachbarschaft Strokkur, der zweitgrößte Geysir, seinen Dienst; alle zehn Minuten zeigt er seine Fontäne von 30 Metern Höhe. Die Energie der heißen Quellen wird durch moderne Technik optimal genutzt – 85 Prozent der isländischen Heizwärme werden so gewonnen. Angenehme Nebenprodukte sind warme Badeseen wie die „Blaue Lagune". Weniger angenehm sind die Solfatare: Pfuhle, in denen heißer Schlamm brodelt und Schwefelwasserstoff austritt – es stinkt nach faulen Eiern! Doch wer Islands abwechslungsreiche Geologie bestaunt, muss auch sie gesehen haben.

Oben:
Normale Krater entstehen durch die Eruption eines Vulkans. Dieser so genannte Pseudokrater am See Mývatn ist auf eine andere Ursache zurückzuführen: Wenn glühendes Magma über ein Feuchtgebiet oder Gewässer strömt, bringt die Hitze das eingeschlossene Wasser zum Kochen. Wo die gewaltigen Dampfblasen explosionsartig die Lavadecke durchbrachen, hinterließen sie diese speziellen Krater.

Rechts:
Eine unheimliche Atmosphäre liegt über der Leirhnjúkur-Spalte. Ein 75 Kilometer langes System des islandtypischen Spaltenvulkanismus entlang dem Berg Krafla zeugt von unterirdischer Aktivität. Unablässig treten aus einigen Solfataren nach Schwefel riechende Dämpfe aus.

Oben:
Der schwedische Schriftsteller Per Olof Sundman schrieb einmal über Island: „Es gibt viele Vulkane; einem zufälligen Besucher mögen sie erloschen erscheinen – aber sie sind nicht erloschen, sie ruhen bloß. Das wissen alle, die hier leben.“ – Die Laki-Krater (isl. Lakagígar) liegen im Süden Islands in der Nähe der Ausbruchsspalte Eldgjá.

Links:
Der Mývatn zählt zu den schönsten Reisezielen auf Island. Zwei Vulkanausbrüche (vor 3700 und vor 2000 Jahren) formten diesen 38 Quadratkilometer großen See, der durchschnittlich nur zwei Meter tief ist, aber dank unterirdischer heißer Quellen auch im Winter nur teilweise zufriert. Ein Paradies für Vögel – und Mücken! „Mývatn“ bedeutet nämlich „Mückensee“. Doch die stechen nur im Juni; die später schlüpfenden sind harmlos.

SIGLUFJÖRÐUR

Oben und rechts:
Island lebt vom Fischfang. 758 000 Quadratkilometer Fischereizone rund um die Insel ermöglichen einen guten Fang. Fischprodukte machen drei Viertel der Exporte aus, und auch im Inland wird viel Fisch verlangt. Heute arbeiten nur 5,2 Prozent der isländischen Beschäftigten direkt auf den Fangbooten (wie hier in Siglufjörður), weitere 6,7 Prozent in der Fischverarbeitung an Land.

Seite 112/113:
Siglufjörður („Schiffsmastfjord") in Nordisland war früher der wichtigste Fischerei-hafen für den Heringsfang. Hier wurden pro Jahr bis zu 30 000 Fässer Salzhering abgefüllt. Die Überfischung der Herings-bestände im Nordatlantik setzte dem Heringsboom ein Ende, und die Einwohnerzahl von Siglufjörður schrumpfte um die Hälfte auf heute etwa 1300. 2006 hat sich der Ort mit Ólafsfjörður zur Gemeinde Fjallabyggð zusammengeschlossen.

Oben:
Das Heringsmuseum in Siglufjörður, der nördlichsten Stadt Islands, erzählt von der großen Vergangenheit dieses ehemaligen Heringsfang-Zentrums. In der Saison arbeiteten einst bis zu 10 000 Leute an diesem Ort. Für die Touristen wird vorgeführt, wie Hering verarbeitet und haltbar gemacht wird.

Links:
Im Heringsmuseum. Der Islandkenner Julian Cremona bedauert: „Der Ausbau des Tourismus und des Wintersports haben die Wirtschaft etwas angekurbelt, insgesamt jedoch ist Siglufjörður nur noch ein Schatten seiner selbst."

Rechts:
Über Wale, die sanften Riesen, informiert das gut gestaltete Walmuseum in Húsavík.
Mit Ausdauer und etwas Glück kann man vor Islands Küsten Blau-, Finn-, Sei-, Zwerg-, Buckel-, Pott-, Schwert-, Grind- und Schweinswale und Delfine beobachten.

Unten:
Im Fischerdorf Ólafsfjörður, einem verschlafenen Flecken auf der Halbinsel Tröllaskagi, leben noch etwa 950 Seelen, aber immer noch fahren die Fischerboote hinaus aufs Meer. Im Jahr 2006 wurde ein Zusammenschluss mit der ebenfalls stark geschrumpften Gemeinde Siglufjörður beschlossen.

Ausfahrt mit dem Segelschiff zum „Whale-Watching" vor Húsavík. Der Zoologe Mark Carwardine schwärmt über Walsafaris in Island: „Wo sonst könnte man Zwergwale im prallen Orange der Mitternachtssonne erleben oder Schwertwale vor dem fesselnden Panorama schneebedeckter Berge, mit einem der berühmtesten Vulkane im Rücken neben einem Blauwal hergleiten und Buckelwale bei der Nahrungssuche inmitten von tauchenden, kreischenden Vogelschwärmen beobachten?"

Linke Seite:
Der isländische Schriftsteller Jón Sveinsson, Autor der auch in Deutschland bekannten „Nonni"-Kinderbücher, stammte aus Akureyri, „einer kleinen, reizend gelegenen Stadt am großen Golf von Eyjafjörður auf Nord-Island", wie er einmal schrieb. Akureyri ist inzwischen mit knapp 17 000 Einwohnern die viertgrößte Gemeinde Islands, und wie viele Besucher feststellen, mit Abstand die schönste. Sie verfügt über einen Flughafen, zahlreiche Schulen und sogar eine Universität.

Im offiziellen Fremdenverkehrsprospekt der Gegend heißt es über den See Miklavatn poetisch: „Dort ist es idyllisch im Sommer, die Winter sind hart und schneereich, doch der Schutz der Schneedecke zaubert im Frühling wieder grüne Vegetation hervor."

Die Landspitze Hringsbjarg auf der Halbinsel Tjörnes, nördlich von Húsavík. Geologen frohlocken: An der Steilküste lässt sich anhand der Sedimentschichten des Gesteins studieren, wie das Land entstand. Mindestens zehn Eiszeitperioden hinterließen nachweisbare Spuren.

NICHT NUR EDDA UND SAGA –

ISLANDISCHE LITE

Allen Edlen gebiet ich Andacht,
Hohen und Niedern von Heimdalls Geschlecht;
Ich will Walvaters Wirken künden,
Die ältesten Sagen, der ich mich entsinne.

Oben:
Die Titelseite einer Edda-Ausgabe aus dem 17. Jahrhundert. Die mythenreichen Dichtungen der Edda faszinierten auch auf dem europäischen Kontinent Literaten und Künstler, die nie isländischen Boden betreten hatten. So reimte im 19. Jahrhundert der Lyriker Ferdinand von Freiligrath begeistert: „Lavaschein und Nordlicht röten / Mein Gesicht; die Pulse schlagen / Schneller; Edda, lass mich treten / Vor die Helden deiner Sagen".

Unten rechts:
Snorri Sturluson verschaffte sich als Dichter und Machtpolitiker einen Platz in der isländischen Geschichte. Eine Originalhandschrift seines bekanntesten Werkes, der Snorri-Edda, kann im Snorri-Museum in Reykholt betrachtet werden.

So beginnt die Völuspá, das erste Kapitel der „Lieder-Edda", einer altisländischen Sammlung von Götter- und Heldenliedern, überlie fert in einer Niederschrift von 1271. Mythologische Begebenheiten sind ergänzt um Lebensweisheiten und Verhaltensregeln. Die ältesten dieser Texte unbekannter Autoren stammen aus dem 9. Jahrhundert. Während die Lieder-Edda gereimt ist, sammelte der Skalde (Dichter) Snorri Sturluson seine Berichte über die nordische Dichtkunst und Götterwelt in Prosa. Seine „Snorra-Edda" verfasste er zwischen 1220 und 1225 – also in einer Zeit, da sich auf Island längst das Christentum durchgesetzt hatte.

Im Mittelalter entstanden auch die „Sagas", die nicht nur volkstümliche Sagen sind, sondern künstlerisch anspruchsvolle Literatur. Sie wurden – für das Mittelalter untypisch – nicht in Latein, sondern in isländischer Sprache verfasst. Als eine Art Vorläufer von Abenteuerroman und Krimi befassen sie sich überwiegend mit Stoffen, die für das isländische Selbstverständnis von Bedeutung sind, etwa mit den zahlreichen Konflikten bei der Landnahme durch die ersten Siedler.

NOBELPREISTRÄGER HALLDÓR LAXNESS

Die Sagas darf man ohne Bedenken zur Weltliteratur zählen, ebenso das Werk von Halldór

RATUR

Laxness, der „die große Erzählkunst Islands erneuert hat“, so die offizielle Begründung zur Verleihung des Literaturnobelpreises 1955. Lange Jahre war er stilistisch und im Wortsinne unterwegs gewesen, hatte Europa, Amerika und die Sowjetunion bereist und sprachlich experimentiert. Dann blieb Laxness in Island und schuf jene Werke, die ihm Weltruhm einbrachten: Romane wie „Die Islandglocke“, „Atomstation“ oder „Das Fischkonzert“, und Erzählungen von der Qualität des „Guten Fräuleins“.

Auch seine zeitgenössischen Kollegen schöpfen aus dem Fundus isländischer Erzähltradition. Bekannt sind im deutschsprachigen Raum Einar Kárason, Einar Már Guðmundsson oder Kristof Magnusson. Ältere Generationen sind vielleicht mit den Kinderbüchern Jón Sveinssons groß geworden, der in seinen „Nonni“-Geschichten in deutscher Sprache von seiner Jugend auf der „Feuerinsel“ erzählte, als noch kaum jemand Island kannte.

Die isländischen Volksmärchen handeln meist von Elfen und Trollen, Gespenstern und Zauberern, oder vom „Skoffin“, einem schrecklichen Tier, das aus dem Ei eines Hahns geschlüpft ist. Wer es anblickt, fällt tot um. Viele Geschichten erzählen, wie Orte, Berge, Flüsse zu ihren Namen kamen und warum die Welt so ist, wie sie ist. Eine Legende erklärt, warum das Schneehuhn Federn an den Füßen hat: Alle anderen Vögel gingen nämlich einst auf Geheiß der Gottesmutter Maria durchs Feuer und versengten sich, nur das Schneehuhn nicht. Und die Elfen kann niemand sehen, weil Eva nach der Erschaffung der Welt ihre ungewaschenen Kinder Gott nicht zeigen wollte. „Was mir verborgen wird, soll auch den Menschen verborgen sein“, sprach der Allmächtige, und so ist es bis heute.

Links:
Halldór Laxness, der isländische Literaturnobelpreisträger, behauptete stolz über sein Land: „Jedes Bergtal … die Flüsse, die Lavafelder und Sande, sogar das Moor und die Heide – das ganze Land bebt von der literarischen Überlieferung. Nach einem tausendjährigen Zusammenleben mit epischen Menschen ist die ganze Landschaft von Literatur durchdrungen.“ Im Haus Gljúfrasteinn bei Mosfellsbær im Süden Islands lebte Halldor Layness mit seiner Familie – hier seine Bibliothek.

Oben:
Bereits mit drei Jahren soll er sein erstes Gedicht geschrieben haben: Egill Skallagrímsson, ein berühmter Skalde. Seine Saga beginnt in Norwegen, erzählt von seiner Familie und seinen Reisen nach Skandinavien und England. Einmal rettete ihm seine Dichtkunst das Leben: ein Wikingerkönig hatte ihn bereits zum Tode verurteilt, doch Egill Skallagrímsson verfasste eine Hymne auf den Herrscher, der ihn daraufhin begnadigte.

Mitte:
„Ich liebe die Sagas, aber was für eine verkommene Gesellschaft beschreiben sie, eine Gesellschaft, in der ausschließlich Gangstertugenden hochgehalten werden“, wunderte sich der britische Literat Wystan Hugh Auden. Früher wurde zur Unterhaltung vorgelesen, wie dieses Gemälde aus dem 19. Jahrhundert darstellt.

Oben:
Das Freilichtmuseum Glaumbær im Norden Islands, einer der am besten erhaltenen Höfe, die in – bis zum Ende des 19. Jahrhunderts für Island typischer – Torfbauweise errichtet wurden. Holz stand als Baustoff nämlich nur in begrenzter Menge zur Verfügung.

Rechts:
Die originale Einrichtung und die fachkundige Führung im Freilichtmuseum Glaumbær zeigen, wie man früher auf dem Land lebte: im Haus dicht gedrängt, aber mit allem Notwendigen versorgt. Die Außenwände bestanden aus dicken Torfschichten, das Dach war mit Gras gedeckt. Als Fenster dienten oft Kalbshäute.

Oben:
Die Badstofa war die eigentliche „Wohnstube“ des Hauses. Hier verbrachten der Bauer und seine Familie mit den Knechten und Mägden die Abende und Wintertage. In der Badstofa wurde nicht nur geschlafen, sondern auch gearbeitet und gegessen. Meist schliefen zwei Personen in einem Bett. Es war üblich, sich angekleidet ins Bett zu legen.

Links:
Die Verwendung des Baustoffes Torf führte auch zum typischen Grundriss der Bauernhöfe. Da es bei Verwendung von Torf sehr schwierig ist, größere Gebäude zu errichten, wurde jeder Raum als eigenes kleines Haus gebaut. Die wichtigsten Räume wurden dann durch einen zentralen Gang verbunden.

Unten:
Der isländische Schriftsteller Einar Kárason (*1955) mokierte sich einmal über die „zementgraue Kirche" seines Stadtteils in Reykjavík. Auf dem Lande, wie hier in Laufás, sind die christlichen Kirchen oft schmucke Kleinode, dazu malerisch gelegen.

Kleine Bilder rechts:
Im Jahr 1106 wurde in Hólar ein Bischofssitz eingerichtet. 700 Jahre lang war der Ort eine Art Hauptstadt des Nordens. Die Reformation verdrängte den katholischen Glauben und setzte einen evangelischen Bischof ein. Von Hólar aus entstand die erste Bibelübersetzung in isländischer Sprache. Die heutige Domkirche ist die fünfte an dieser Stelle.

Sie ist die älteste Steinkirche Islands und wurde 1763 aus rotem Sandstein von Hólabyrða (dem Berg, der den Ort überschattet) errichtet. Sie wurde in ihrer ursprünglichen Gestalt renoviert. Zu sehen sind hier ein bemerkenswerter Taufstein und ein Triptychon: ein Altarbild, das wahrscheinlich niederdeutschen Ursprungs ist und um 1500 den Weg auf die Insel fand.

ATEMBERAUBENDE WILDNIS – DAS HOCHLAND

Rund 100 Kilometer landeinwärts von Reykjavík liegt ein berühmtes Naturdenkmal Islands, das Geothermalgebiet Haukadalur mit seinen Geysiren. „Stori Geysir", der „Große Geysir", gab dieser Art Springquelle in vielen Weltsprachen den Namen, denn der Begriff kommt von dem isländischen Wort „geysa", „wirbeln, strömen". Er ist 10 000 Jahre alt; seine Ausbrüche erreichten früher Höhen bis zu 60 Metern. 1916 ging er in den Ruhestand, doch seit einem Erdbeben im Jahr 2000 ist er wieder gelegentlich aktiv. Daneben befindet sich der Geysir „Strokkur", deutsch „Butterfass", der zuverlässig etwa alle zehn Minuten heißes Wasser in die Höhe speit. Unweit davon befördert „Gullfoss", der „Golde-

„Ich war ein wahnsinniges Pferd im Auge der Ewigkeit", heißt es im preisgekrönten Buch „Engel des Universums" von dem isländischen Schriftsteller Einar Már Guðmundsson. Das kann beim Islandpferd kaum passieren, denn diese Rasse gilt als physisch wie psychisch gleichermaßen robust. Pferde spielen in Island eine bedeutende Rolle: Bis etwa 1926 waren sie einziges Transportmittel auf der Insel, weil es noch kein Straßennetz gab.

ne Fall", kaltes Wasser in die Tiefe. Nicht die relativ bescheidene Höhe von 32 Metern macht diesen Wasserfall zum schönsten und meistfotografierten der Insel, sondern die ganze Landschaft: Zweistufig ergießen sich die Wassermassen in einen zweieinhalb Kilometer langen Canyon. Bei Sonnenschein zaubert die sprühende Nässe einen Regenbogen. Fast wäre dieses – allerdings ohrenbetäubende – Idyll einem Wasserkraftwerk zum Opfer gefallen, doch die Tochter des Bauern, dem das Land gehörte, wehrte sich heftig dagegen. Schließlich erwarb der Staat die Rechte daran, und aus Dank für ihre Beharrlichkeit setzte man Sigríður Tómasdóttir sogar ein Denkmal. Diese Ausflugsziele gehören zu den Höhepunkten einer Islandreise; sie sind stark frequentiert, vor allem in der Hauptreisezeit von Mai bis September. Wer außerhalb der Saison unterwegs ist und sich fern der ausgebauten Straßen ins Hochland aufmacht, erlebt Island von einer anderen Seite. Das Landesinnere lockt mit überwältigender Schönheit, doch um sie erleben zu können, müssen mitunter Extreme bewältigt werden.

Straßen werden im Landesinneren schnell zu Wegen, Wege zu Pfaden, und die Pfade verlieren sich im Matsch, Schnee und Eis. So sind im Hochland die meisten Strecken nur im Sommer für den Verkehr freigegeben und sonst gesperrt. Von ungeübten Lenkern sollte eine solche Fahrt

Oben:
Laut Wegweiser sind es noch 100 Kilometer bis zur Askja. Für die Strecke auf der Schotterpiste durchs Landesinnere benötigt man ein Allradfahrzeug und einige Stunden.

Mitte:
Der Busfahrer braucht Wagemut und Erfahrung, der Tourist nur das Vertrauen, dass der Fahrer die mitunter kniffligen Situationen – wie hier beim Durchqueren einer Furt in Landmannalaugar – zu meistern weiß.

nicht gewagt werden, und vor allem nicht ohne Allradantrieb, sind doch oft Bäche und Flüsse zu durchqueren oder unbefestigte Pisten zu bewältigen. Einige Steige eignen sich auch fürs Reiten; schließlich tragen Islandpferde seit Jahrhunderten die Menschen durch das schwierige Gelände.

KLIMA DER EXTREME

Das Wetter kann plötzlich umschlagen und die Belastbarkeit der Reisenden auf die Probe stellen. Kälteeinbrüche mit Schneefall sind sogar im August möglich. Hochlandreisende, vor allem Wanderer, sollten sich gut vorbereiten, ihre Route genau planen und neben einem Kompass möglichst ein satellitengestütztes Ortungssystem mitführen. Sonst kann es einem ergehen, wie es scherzhaft auf den T-Shirts im Touristenshop zu lesen ist: „Lost in Iceland" – Verloren in Island. Wer sich auf den Weg macht, wird eine atemberaubende Wildnis entdecken. Verschiedene Touren – wie die Kjölur-, Sprengisandur- oder Askja-Route – führen durch endlos scheinende Ebenen aus schwarzem Geröll, über Berge und durch Eiswüsten, zu Vulkanseen und Gletschern. Mancherorts laden dampfende Teiche zum Baden ein. An anderer Stelle färben mineralhaltige Tümpel das umliegende Gestein grün, braun, rot und gelb. Der höchste Berg Islands, der Hvannadalshnúkur, misst 2119 Meter. Er ist ein Vulkan am südlichen Rand des größten europäischen Gletschers Vatnajökull. Vulkane wie Hekla, Laki oder Askja speien bis heute noch dann und wann Glut; so stellen sie immer noch eine Gefahr dar.

Nördlich des Vatnajökull liegt das mit 3000 Quadratkilometern größte Lavafeld der Welt, Ódáðahraun, die „Wüste der Missetäter". Hierher flüchteten einstmals Gesetzlose, die beim Althing für vogelfrei erklärt worden waren. In Island gab es jahrhundertelang keine Todesstrafe, doch die Acht kam ihr gleich. Islands bekanntester Geächteter war Fjalla-Eyvindur. Um 1770 hatte er mit Familie rund zwanzig Jahre lang im Hochland überlebt, bis er schließlich begnadigt wurde. Reste seiner Behausung sind noch zu sehen. Durch einen Rundflug kann man sich im

Unten:
Wo sonst auf der Welt findet man so hübsche Ortsnamen wie Kirkjubæjarklaustur (etwa: „Kirchen-Farm-Kloster“)? In der Nähe des südost-isländischen Dorfs, wo sich früher eine Kirche und ein Kloster befanden, stürzt der Sidafoss in die Tiefe.

wahrsten Sinne einen „Überblick“ verschaffen: Die tiefen Spalten im Eis des Vatnajökull, skurrile Felsformationen oder glitzernde Wasserfälle schenken unvergessliche Eindrücke aus dem Hochland. Langsamer, aber intensiver erlebt man beim Trekking die Natur. Einiger Beliebtheit erfreuen sich die Touren von Landmannalaugar nach Þórsmörk oder von Reykjahlíð ins Naturschutzgebiet von Herðubreið. Unternehmungslustige ziehen weiter hinaus ins öde Land, getrieben von Abenteuerlust und der Sehnsucht nach Einsamkeit. Doch wo mitunter kaum Pflanzen wachsen, sich nur anspruchslose Moose halten, wo keine Tiere mehr leben, hat es auch der Mensch nicht leicht. Bis heute ist das Landesinnere so gut wie unbewohnt. Mit moderner Ausrüstung ist es aber fast überall möglich, zu zelten oder in einer der kargen Hütten zu übernachten. Fernab der Zivilisation braucht es zu Fuß Energie und Ausdauer, doch wird der Wanderer belohnt mit klarer Luft, unvergleichlicher Stille und des Nachts mit einem grandiosen Sternenhimmel, dessen Funkeln von keinem Fremdlicht gestört wird.

Der Gullfoss vereist! – Der isländische Geologe Sigurður Þórarinsson mahnte seine Landsleute, die an den Wasserfällen gern Kraftwerke erbauen würden, es sollte nicht vergessen werden, „dass die Wasserfälle des Landes Kostbarkeiten bewahren, die nicht in Gold und Geld gemessen werden können, sondern in Stunden der Freude und des Glücks.“

Strokkur („Butterfass"), der zuverlässig aufschießende Geysir. Über die Springquellen schrieb der erste Islandminister im dänischen Parlament Hannes Hafstein (1861–1922): „Da lachte es spöttisch herab von den Höh'n: / ‚So seid ihr; sieh doch einmal! / Ich blickte nach dem Geysir: er schoss mit Gedröhn' / Empor in mächtigem Strahl, / Dampfsäulen prustend, gewaltig und hoch, / Und zeichnete scharf von dem weißgrauen Grund / Des Himmels sich ab; zuoberst jedoch / Bog jäh er zurück sich und – / Fiel kraftlos wieder hinab in denselben Schlund."

Oben:
Mit dem Hundeschlitten unterwegs auf dem Gletscher Langjökull, dessen weite Ebenen im westlichen Teil des isländischen Hochlands sich dafür geradezu anbieten. Ein Hundeschlittenausflug ist ein ganz besonderes Abenteuer in Islands grandiosen Schnee- und Eislandschaften.

Rechts:
Es reizt den Menschen, den Langjökull zu bezwingen, ob nun mit Hilfe von Schlittenhunden oder mit Allradfahrzeugen.

Oben:
Auch mit extra breiten und besonders für Gletscherfahrten ausgestatteten Großfahrzeugen wagt man sich auf den Langjökull. Der „Lange Gletscher“ ist mit etwa 940 Quadratkilometern der zweitgrößte Gletscher der Insel. Mindestens zwei Vulkansysteme liegen unter ihm.

Links:
Gletscherspalte auf dem Langjökull. Jetzt bitte nicht ausrutschen! – Solche Spalten bergen ein großes Gefahrenpotential. Es kommt nicht selten vor, dass sogar Geländewagen in solche Spalten abstürzen. Schon mancher Verunglückte konnte aus 30 bis 40 Meter Tiefe nur noch tot geborgen werden.

Steinwüste auf der Hochlandpiste F35 bei Hvítárvatn, im Hintergrund Langjökull. – Über Islands Hochlandstraßen und den Fahrstil einiger Einheimischer berichtet der Schriftsteller Manfred Hausmann: „Wenn Schlaglöcher kamen, trat er auf die Bremse, rief ‚Attention!' und überzeugte sich durch einen schnellen Blick über seine Schulter, dass wir noch lebten. Ließ sich die Straße jedoch etwas besser an, so brauste er los, als wäre der Satan hinter ihm her. Kein Wunder, dass er dann doch einmal vor einer Kuhle oder einer Felstreppe, die unvermutet im Wege lag, nicht rechtzeitig bremsen konnte. Krach, rum, bum! Der Wagen wurde auf die Seite geworfen und wir mit ihm. Dann steckte Olafur den Kopf zwischen die Schultern und versuchte zu retten, was noch zu retten war."

Seite 136/137:
Im Sprichwort heißt es: „Alles Glück dieser Erde liegt auf dem Rücken der Pferde.“ – So erkunden diese Islandbesucher das Gebiet Landmannalaugar – auf die Glück verheißende Art. Der Name bedeutet: „Die warmen Quellen der Menschen vom Land“.

Links:
Rau und wild begegnet einem hier die Landschaft. Der Fluss Sanda im Vorland des Langjökull an der Hochlandstraße Kjölur (F35).

Unten:
Die Schotterpiste 551 führt am See Hvítárvatn entlang zum Fuß des Gletschers Langjökull. Häufig sind diese Pisten sehr schmal und nur mit einem geländegängigen Fahrzeug befahrbar.

EINZIGARTIGE ZUCHT –
ISLANDPFERDE

Rechts:
Islandpferde waren in früheren Zeiten auf der Insel als Nutztiere überlebenswichtig. Weltweit gibt es etwa 195 000, davon rund 75 000 in Island selbst. Als einzige Pferderasse der Welt verfügen Islandpferde über fünf verschiedene Gangarten. Zahlreiche Bauernhöfe überall im Land ermöglichen das Reiten auf Islandpferden.

Mitte:
Diese Pferde sind robust und wetterhart und können ganzjährig im Freien gehalten werden.

Unten:
„Thetta er fallegur hestur!", würde ein Isländer sagen, und wohl jeder kann zustimmen: „Das ist ein schönes Pferd!"

Bevor Island im 20. Jahrhundert eine Infrastruktur aus Straßen, Häfen und Flugplätzen aufbaute, konnte man praktisch nur zu Pferde durch die Landschaft ziehen. Bis 1926 wurden alle Transporte auf der Insel mit Pferden vorgenommen. Schon vor rund 1200 Jahren hatten die ersten Siedler Pferde mit auf die Insel gebracht. Durch die Zuchtauslese entwickelte sich ein Last-, Reit- und Zugpferd, das optimal an die Gegebenheiten der Insel angepasst ist: das Islandpferd oder Islandpony. Es zählt mit einem Stockmaß von 130 bis 145 Zentimetern zu den Kleinpferderassen, ist robust, gedrungen und stark, genügsam und verlässlich, und kann ganzjährig im Freien gehalten werden; ein dickes Winterfell mit üppiger Mähne schützt es vor der rauen Witterung.

Rund 75 000 Pferde leben in Island, viele davon frei in den Ebenen weitab der Zivilisation. Statistisch kommt damit auf jeden vierten Isländer ein Pferd. Um die Rasse rein zu halten, wurde der Sage nach bereits im Jahr 930 durch das Althing der Import von Pferden verboten. Auch darf kein Islandpferd, das einmal die Insel verlassen hat, wieder zurückkehren. So soll vermieden werden, dass Krankheiten eingeschleppt werden.

FÜNF GANGARTEN

Weitere etwa 120 000 Islandpferde leben außerhalb ihres Ursprungslandes. Ein echter Exportschlager, denn weltweit schätzt man die trittsicheren Vierbeiner, die trotz ihrer geringen Größe auch einen Erwachsenen tragen können, und nicht nur mit einem Reiter schwimmen können, sondern neben Schritt, Trab und Galopp noch über zwei weitere – angeborene – Gangarten verfügen:

Tölt und Rennpass. Der Tölt ist eine Gangart ohne Schwebephase, bei der der Reiter nicht im Sattel hin und her geworfen wird – bei langen Ritten über Stock und Stein höchst angenehm.

Islandpferde lieben es gesellig und sind überaus fruchtbar; schön anzusehen, wenn die ganz unterschiedlich farbigen Tiere in Herden über die Hügel davon stieben. Früher schätzte man Pferdekämpfe, bei denen zur Belustigung des Volkes die eigentlich friedfertigen Rösser, vor allem Hengste, aufeinander gehetzt wurden. Dergleichen ist heute untersagt. Pferdemärkte erfreuen sich aber immer noch großer Beliebtheit. Dort kann man Hufschmieden und Pferdehaarflechterinnen über die Schulter schauen. Der Reitsport hat sich zu einem florierenden Wirtschaftszweig entwickelt. Viele Touristen kommen der Pferde wegen auf die Insel. Islandpferde sind für Anfänger geeignet, und erfahrene Reiter genießen die Touren durch die herrliche Natur zu jeder Jahreszeit.

Über die Anerkennung als Nutztiere hinaus genossen Pferde bei den Wikingern religiöse Verehrung. Einem Schöpfungsmythos nach brachte ein Rappe die Nacht und ein Schimmel den Tag. Pferde fungierten als Götterboten und brachten die Verstorbenen ins Paradies Walhalla. Wikinger ließen sich mit ihrem Pferd bestatten, wissend, was sie diesem Gefährten zu verdanken hatten. Noch 1962 nahm ein Isländer sein Ross mit ins Grab. Auch wer nicht so weit gehen möchte, vertraut dem Islandpferd. Es heißt nämlich, es finde stets den Weg nach Hause.

Oben:
Zu Pferd unterwegs durchs Land, hier beim Überqueren der Ringstraße nahe Stafholtstungur zwischen Borgarnes und Búðardalur.

Ganz oben:
Eine Herde Islandpferde im Gebiet Landmannalaugar. Bereits Jules Verne lobte diese Pferde: „Keine andere Pferderasse ist so intelligent wie diese Isländer. Das Islandpferd geht durch Schnee und Sturm, über schlechte Wege, Fels und Eis. Es ist mutig, folgsam und zuverlässig. Es ist trittfest und es bricht nie aus."

Ganz oben links:
Sveinn Sveinsson schrieb: „An Lebensfreud' nichts übertraf / das beste Ross der Erde; / die Sorgen wieg ich in den Schlaf / beim Ritt auf solchem Pferde."

Oben:
Touristenlager im Gebiet Landmannalaugar nahe dem Vulkan Hekla. Vulkanasche, Moos und Schnee setzen hier farbliche Akzente. In der Nähe von Landmannalaugar liegt der reizvolle See Frostastaðavatn.

Rechts:
Die Fahrpiste F208 im Gebiet Landmannalaugar. Zwar ist die Ringstraße Hringvegur bestens asphaltiert, doch im Landesinneren gibt es auch andere Zustände: „Die Straße war ein einziger Morast, zerfurcht und durchsetzt mit Pfützen und verschlammten Löchern, wie jede andere isländische Handarbeit", schimpfte einmal der isländische Autor Thórbergur Thórdarson.

Die Berghänge aus jungem vulkanischem Gestein (Liparit) machen das Gebiet Landmannalaugar für manche Islandkenner zum Höhepunkt eines Inselbesuchs. Man kann hier tagelange Wanderungen unternehmen, dabei in Hütten oder Zelten übernachten, die unvergleichlich klare Luft atmen und unberührte Natur genießen. – Links: Blick vom Berg Kjaftalda auf den Fluss Jökulgil. – Unten: Der Lavastrom Laugarhraun bei Landmannalaugar.

Oben:
Blick vom Laugarbarmur in das Tal des Flusses Jökulgil und auf die vulkanischen Rhyolithberge von Landmannalaugar.

Rechts:
Da kann es draußen noch so kalt sein, ein Bad im Thermalsee bei Landmannalaugar tut auch den Kleinen gut. – Die Isländer sind ein kinderfreundliches Volk, doch mit dem klassischen Familienbild hat das nichts zu tun: Zwei Drittel des Nachwuchses kommt außerehelich zur Welt, die „Patchwork-Familie“ dominiert.

Oben:
Heiße Quellen, schroffe Berge, grüne Auen – die Landschaft von Landmannalaugar ist abwechslungsreich. Für Naturliebhaber gibt es viel zu entdecken.

Links:
Wer durch Landmannalaugar wandert, braucht neben Ausdauer auch festes Schuhwerk. Manchmal muss man sich entscheiden: Schuhe ausziehen und nackten Fußes durch einen Bach waten, oder den großen Sprung wagen?

Ob mit dem Auto oder per Fahrrad – unterwegs auf der F208 im Hochland. Die Faszination und Anziehungskraft Island fasst die Autorin und Kulturjournalistin Verena Stössinger so zusammen: „Die Bilder vom Land aus Feuer und Eis lösen Wünsche aus, denen man sich schwer entziehen kann. Islands krustige Heftigkeit, unfassbar ist sie, wider Willen lockend. Die Hoffnung, das Unverständliche käme näher, wenn ich es erlebe.“

Touristenlager bei Landmannalaugar. Der Wunsch, etwas zu erleben, zieht jährlich Tausende von Besuchern auf die Insel. Sie erfahren eine ungestüme Natur, haben vielleicht eine Portion Abenteuerlust im Gepäck und erfahren in der Auseinandersetzung mit diesem Stückchen Welt etwas über sich selbst …

Rechts und ganz rechts: Manche Routen ins Landesinnere – wie etwa diese hier zur Askja – führen durch Flüsse. Wer Furten durchqueren möchte, muss ein geeignetes Fahrzeug haben und ein wenig Abenteuerlust im Blut verspüren. Ohnehin sind diese Strecken nur im Sommer frei; im Winter geht hier nichts mehr.

Oben:
Im Jahr 1000 hatte das Althing den christlichen Glauben für alle Isländer angenommen. Nach der Rückkehr von dieser Versammlung warf der Gode Þorgeir seine „heidnischen" Insignien in diesen Wasserfall. Das gab ihm den Namen „Goðafoss", der „Wasserfall der Götter".

Die Gegend um den Vulkan Askja im Landesinneren ist öde, schroff und geheimnisvoll. Nicht ohne Grund werden ihr die Isländer den Namen „Ódáðahraun“ gegeben haben, etwa: „Lavafeld der bösen Taten“ oder „Missetäterwüste“. Zuletzt kam die Askja 1961 zum Ausbruch.

Der Öskjuvatn ist elf Quadratkilometer groß und mit 217 Metern der tiefste Kratersee Islands. Direkt daneben bildete sich der Explosionskrater Víti, das „Tor zur Hölle“, wie man hier sagt. Er füllte sich mit Wasser. In dieser Gegend trainierten NASA-Astronauten für die Mondlandung.

Diese Tiere finden sich überall zurecht. Der deutsche Islandpferde-Reiter- und Züchterverband lobt diese Rasse fast überschwänglich: „Die Notwendigkeit, sich im Notfall blind auf sein Pferd verlassen zu können, ihm eventuell sein Leben anvertrauen zu müssen, wenn schwere Witterungsumschwünge Furten fast unpassierbar machten, führte zur Zucht von Pferden, die bei größter Zuverlässigkeit und bestem Charakter auch schnelle Auffassungsgabe, Stärke und einen unabhängigen Geist bewahrten – wirkliche Partner eben."

Oben:
Eishöhlen, in denen warme Bäche entspringen, Quellen, umgeben von Eis – solche Spezialitäten der Natur bietet das Geothermalgebiet die Kverkfjöll am nordöstlichen Rand des Vatnajökull.

Rechts:
Im Thermalgebiet von Hveravellir. In dieser Gegend konnte auch der legendenumwobene Geächtete Fjalla-Eyvindur überleben: erst allein, dann mit seiner Frau Halla; schließlich gesellte sich eine ganze Anzahl weiterer Ganoven hinzu.

Oben:
Zwischen Gletschern dampfen die heißen Quellen von Hveravellir. Manche können als natürliche Version des Whirlpools gelten und sind zum Baden geeignet.

Links:
Islandpferde am Hvalfjörður. Guðmundur Ingi Kristjánsson dichtete: „Jenseits des Gatters / an endlosen Tagen / stehn sorglose Pferde. / Mal hebt sich ein Kopf / kurz, um zu schauen, / und senkt sich dann wieder / zum Kauen. / Gleiches Schicksal widerfährt / Mann und Ross im Lande. / Es knüpfen Isländer und Pferd / glücksdurchwirkte Bande."

REGISTER

Tálknafjörður
Hellissandur
Rif
Snæfellsjökull N.P.
Hellnar

ISLAND
Miðgarður
Grimsey
Raufarhöfn
Grjótnes
Melrakkaslétta
Þistilfjörður
Mánáreyjar
Kópasker
Öxarfjörður
Svalbarð
Sauðanes
Langanes
Þórshöfn
Bakkaflói
Bakkafjörður
Hornstrandir
Jökulfirðir
Dranga-
jökull
Hnifsdalur
Unaðsdalur
Melgraseyri
Norðurfjörður
Ögur
Rauðamyri
Húnaflói
Hólmavík
Drangsnes
Stora-
Fjarðarhorn
Reykhólar
Gilsfjarðar-
brekka
Saurbær
Prestbakki
Skarð
Staðarfell
Hvammsfjörður
Búðardalur
Brú
Kvennabrekka
Hraun
Hvalnes
Skagafjörður
Skagaströnd
Sauðár-
krókur
Blönduós
Tjörn
Reykir
Hnausar
Hvamms-
tangi
Laugarbakki
Reykjaskóli
Siglufjörður
Brúnastaðir
Hofsós
Viðvík
Glaumbær
Hunaver
Miklibær
Eyvindar-
staðir
Goðdalir
Ólafsfjörður
Dalvík
Hrísey
Grenivík
Hauganes
Akureyri
Svalbarð-
eyri
Hrafnagil
Saurbær
Eyjafjarðará
Hólar
Héraðsvötn
Skjálfandi
Húsavík
Laxamyri
Ydalir
Laugar
Godafoss
Aldeyarfoss
Skjálfandafljót
Lón
Sandfells-
hagi
Ásbyrgi
Jökulsárgljúfrum N.P.
Dettifoss
Vesturdalur
Reykjahlíð
Myvatn
Grimsstaðir
Jökulsá á Fjöllum
Ódáðahraun
Möðrudalur
Vopnafjörður
Vopnafjörður
Héraðsflói
Ketilstaðir
Húsey
Borgarfjörður
Bakkagerði
Hofsá
Fossvellir
Eiðar
Fellabær
Seyðisfjörður
Egilsstaðir
Neskaupstaður
Skjöldólfs-
staðir
Fljótsdalsheiði
Lagarfljót
Brú
Eskifjörður
Reyðarfjörður
Fáskrúðsfjörður
Stöðvarfjörður
Breiðdalsvík
Snæfell
1833
Djúpivogur
Askja
1460
Sprengisandur
Kjölur
Hofsjökull
1763
Langjökull
1355
Vatnajökull
1719
Breiðabunga
Starmyri
Stafafell
Nesjahverfi
Nesjum
Brunnhóll
Höfn
Smyrlabjörg
Hrollaugsstaðir
Skaftafelli N.P.
Skeiðarár-
jökull
Breiðamerkur-
jökull
2119
Bölti
Freysnes
Jökulsárlón
Skaftafell
Hofsnes
Fagurhólsmyri
Ingólfshöfði
Skeiðarársandur
Kirkjubæjar-
klaustur
Efriey
Myrar
Vík
Mýrdals-
jökull
1450
1666
Þórsmörk
Úthlíð
Landmannalaugar
Hekla
1491
Þjórsá
Þórisvatn
Burfellsstod
Skógafoss
Skógar
Seljalandsfoss
Múlakot
Hvolsvöllur
Keldur
Hella
Stóridalur
Akurey
Þykkvibaer
Vestmannaeyjar
Heimaey
Surtsey
Snæfellsnes
Staðarstaður
Kolbeins-
staðir
Dalsmynni
Akranes
Haugar
Húsafell
Borgarnes
Saurbær
Akranes
Þingvellir N.P.
Geysir
Gullfoss
Þingvellir
Laugar-
vatn
Tungufell
Þingvallavatn
Mosfellsbær
Reykjavík
Kópavogur
Garðabær
Hafnar-
fjörður
Laugarás
Reykholt
Fluðir
Kerið
Hveragerði
Vogar
Selfoss
Blaue Lagune
Eyrarbakki
Þorlákshöfn
Stokkseyri

IMPRESSUM

Buchgestaltung:
SILBERWALD – Agentur für visuelle Kommunikation, Würzburg
www.silberwald.biz

Karte:
Fischer Kartografie, Aichach

Printed in Germany
Repro: Artilitho snc, Lavis-Trento, Italien – www.artilitho.com
Druck/Verarbeitung: Offizin Andersen Nexö, Leipzig

ISBN 978-3-8003-4443-7

Unser gesamtes Programm finden Sie unter:
www.verlagshaus.com

„Diese weit entfernte, nackte und arme Insel", schrieb im 19. Jahrhundert Ida Pfeiffer – eine österreichische Entdeckerin und Weltreisende – über Island. Mittlerweile ist Island durch einen regen Flugverkehr nah an den Kontinent herangerückt; auch von Armut kann keine Rede mehr sein. Nur nackt ist die Insel immer noch, aber gerade dieser spröde Charme lockt Besucher aus aller Welt an, wie diese Camper im Skaftafell-Nationalpark in Südisland.